Bibliografische Information der Deutschen Nationalbibliothek:
Die Deutsche Nationalbibliothek verzeichnet diese Publikation in der Deutschen Nationalbibliografie;
detaillierte bibliografische Daten sind im Internet über http://dnb.d-nb.de abrufbar.

Hinweis:
Das Werk einschließlich aller seiner Teile ist urheberrechtlich geschützt. Jede Verwertung außerhalb der Bestimmungen des Urheberrechtsgesetzes ist ohne schriftliche Zustimmung des Verlags unzulässig und strafbar. Dies gilt insbesondere für Vervielfältigungen, Übersetzungen, Mikroverfilmungen und die Einspeicherung und Verarbeitung in elektronischen Systemen.

Alle Angaben erfolgen ohne Gewähr. Weder Autorin noch Verlag können für eventuelle Nachteile oder Schäden, die aus den im Buch vorliegenden Informationen resultieren, eine Haftung übernehmen. Eine Haftung der Autorin bzw. des Verlags und seiner Beauftragten für Personen-, Sach- und Vermögensschäden ist ebenfalls ausgeschlossen.

Markenschutz:
Dieses Buch enthält eingetragene Warenzeichen, Handelsnamen und Gebrauchsmarken. Wenn diese nicht als solche gekennzeichnet sein sollten, so gelten trotzdem die entsprechenden Bestimmungen.

1. Auflage	September 2016
© 2016	edition riedenburg
Verlagsanschrift	Anton-Hochmuth-Straße 8, 5020 Salzburg, Österreich
Internet	www.editionriedenburg.at
E-Mail	verlag@editionriedenburg.at
Lektorat	Dr. Heike Wolter, Regensburg
Bildnachweis	Fotolia.com: Zauberndes Mädchen am Cover © JenkoAtaman Zaubersymbole und Grafiken im Buchblock © danielabarreto Papierrolle © JiSign Fotos im Buchblock: © Hanna Grubhofer Portrait Hanna Grubhofer Umschlagrückseite © anwora.com
Satz und Layout	edition riedenburg
Herstellung	Books on Demand GmbH, Norderstedt

ISBN 978-3-903085-28-2

Hanna Grubhofer

Zauberbuch Familienfrieden

Die magische Wirkung der gewaltfreien Kommunikation und des Vertrauens

Inhalt

Widmung	8
Warum ich dieses Buch schreibe	10

DIE GEWALTFREIE KOMMUNIKATION — 13
- Schritt 1: Die Beobachtung — 15
- Schritt 2: Die ausgelösten Gefühle — 16
- Schritt 3: Die Beschreibung der Bedürfnisse — 20
- Schritt 4: Die Bitte an mich selbst — 24
- Fragen für den Alltag — 33

KONFLIKTE BEGLEITEN: DEN FRIEDEN IN DIE WELT TRAGEN — 35
- Bedürfnisse: die Ursache von Konflikten — 35
- Ohne Wenn und „Aber" — 37
- Konflikte zwischen anderen Personen — 38
- Weihnachtsmann-Energie — 41
- Konflikte zwischen mir und einer anderen Person — 42
- Empfehlungen für den Alltag — 45

IM SCHMERZ BEGLEITEN ODER: DEN FRIEDEN BEIBEHALTEN — 47
- Schmerz sehen — 49
- Trauer bewältigen — 51
- Mit Alltagsschmerzen umgehen — 53
- Schmerz annehmen — 55
- Empfehlungen für den Alltag — 57

DIE GANZE LADUNG ENERGIE: UMGANG MIT AGGRESSION UND WUT — 59
- Warum wir wütend sind — 60
- Wut, Trotz und Traurigkeit — 63
- Wut begegnen — 65
- Das Allerbeste ist nicht gut genug? — 66
- Fragen und Empfehlungen für den Alltag — 68

GEWALTFREI SCHIMPFEN — 71
- Sich Luft machen — 72
- So nicht: Drohen als besondere Form der gewaltvollen Kommunikation — 73
- Vom Loben und Strafen — 76
- Konsequent sein — 79
- Fragen und Empfehlungen für den Alltag — 82

DEN FRIEDEN UNTER GESCHWISTERN ERHALTEN — 85
- Geschwisterkind werden — 87
- Raum haben und geben — 92
- Von der Eifer-sucht — 94
- Fragen für den Alltag — 95

ICH MUSS IM LEBEN NICHTS, AUSSER STERBEN! — 97
- Dem eigenen Herzen folgen — 97
- Entscheidungen von anderen begleiten — 102
- Entscheidungen bereuen — 104
- Vom Dienen und Schenken, oder: Das Leben wunderbar machen — 106
- Fragen für den Alltag — 110

STIMMUNGSMACHE — 113
- Informationsfluss gewährleisten — 113
- Vereinbarungen treffen — 114
- In der Fülle leben — 117
- Im Kontakt mit sich selbst sein — 118
- Fragen für den Alltag — 121

GRENZEN UND ZUSCHREIBUNGEN — 123
- Führungskraft sein — 124
- Liebe mich so, wie ich bin — 126
- Fragen für den Alltag — 129

DREI STRESSREDUKTIONS-GEHEIMNISSE — 131
- 1. Zeitlos sein — 131
- 2. Humor ist, wenn man trotzdem lacht — 132
- 3. Positives Formulieren oder: Vom rosa Flusspferd — 135
- Fragen für den Alltag — 137

IM JETZT SEIN — 139
- Die Freude über das Erlebte — 139
- Im Vertrauen sein — 140
- Fragen und Empfehlungen für den Alltag — 142

IN SCHWIERIGEN ZEITEN — 143
- Kranken Kindern beistehen — 143
- Geschwister begleiten — 145
- Notsituationen bewältigen — 145
- Fragen und Empfehlungen für den Alltag — 148

LOSLASSEN — 149
- Wenn sich der Pfeil vom Bogen löst — 149
- Lernen im eigenen Tempo — 150
- Teenager: Die Zeit des Erntens — 154
- Fragen für den Alltag — 157

PERSPEKTIVEN — 159
- Von verschiedenen Wahrheiten — 159
- Zaubereien: Traumländer und Wuthunde — 162
- Fragen und Empfehlungen für den Alltag — 163

SEINEN PLATZ IN DER GESELLSCHAFT HABEN — 165
- Selbstständig sein dürfen — 165
- Sich einbringen — 166
- In der Welt wirken — 168
- Fragen und Empfehlungen für den Alltag — 169

ZU GUTER LETZT — 171
- Literatur — 172

WIDMUNG

Dieses Buch widme ich jenen Frauen, die mein Leben geprägt haben und mir ein großes Vorbild sind:

Annemarie – meine Mutter, die mir das Leben geschenkt hat und mich zeit ihres Lebens in Liebe gepackt hat; die stets auf meiner Seite war, wenn ich sie gebraucht habe, und die mir den Freiraum gab, den ich brauchte, um meine eigenen Wege zu gehen. Und von der ich gelernt habe, wie wichtig es ist, auf sich zu achten.

Ruth – meine Patin und Zweitmutter, die mir die verrückten und unkonventionellen Seiten des Lebens gezeigt hat, die aus dem Nichts das Volle schöpfen konnte und aus jeder Situation ein Fest machte. Das Leben im Jetzt zu genießen war für sie das Wichtigste.

Großmutter Annemarie – von der ich die Liebe zum Schreiben und zu Büchern geschenkt bekommen habe. Sie war Journalistin und eine bis zu ihrem Tode ewig neugierige Person.

Augustine – meine Großmutter väterlicherseits, für die ich das Kind war, für das sie selbst keine Zeit gehabt hatte. Sie konnte die Zeit mit meinem Vater nicht so leben, da sie arbeiten musste. Den Schmerz über diese fehlenden Bande zwischen ihr und ihrem Sohn konnten die beiden in dieser Welt nicht mehr auflösen.

Auch wenn ihr vier alle viel zu früh für mich diese Welt verlassen habt, so trage ich euer Erbe in großer Demut in die Welt hinaus: zu lieben und geliebt zu werden, jeder in seiner Weise.

Und dann widme ich dieses Buch meiner jetzigen Familie, die mich tagtäglich lehrt, mir meine eigenen Themen anzusehen, indem sie mir alle Spiegel vor die Nase halten:

Lukas, mein Erstgeborener, der mich vor 15 Jahren zur Mutter gemacht hat

Laura, meine erste, jetzt 13-jährige Tochter, bei der ich sehe, dass sie viel von dem Leben kann, was ich mir erträumt habe

Benjamin, 10 Jahre (von denen fünf ein echtes Wunder für mich sind), bei dessen Geburt ich mir gedacht habe, dass ich ihm ein glückliches Leben wünsche, unabhängig davon, welche Irrwege es machen wird, und der schon ganz viele Krankengeschichten hinter sich hat

Jakob, unser 8-jähriger großer Träumer, der nach wie vor in seiner eigenen Realität lebt

Sarah, die 6-jährige kleine wilde Hexe, die im Waldkindergarten die Burschen dirigiert und genau weiß, was sie will

Tim, der 3,5-Jährige, der sich in einer der unglaublichsten und anstrengendsten Zeiten in unser Leben hineinplatziert hat und so ein unglaublich süßer Kerl ist

Moritz, unser definitiv letztes Kind, der es mit seinen 19 Monaten liebt, mit seinen großen Geschwistern zu sein, und so unglaublich selbstständig ist

Sie lehren mich, so viel wie möglich im Jetzt zu sein. Durch sie kann ich das Lieben und Geliebt werden weiterleben. Möget ihr diesen Schatz weiter in die Welt tragen.

Und last but not least danke ich meinem Mann für die Freiheit, so mit den Kindern leben zu können, wie ich es möchte, und dafür, dass auch er mir immer wieder einen großen Spiegel vorhält – und ich ihm wohl auch!

WARUM ICH DIESES BUCH SCHREIBE

Wie kann es möglich sein, mit sieben Kindern zusammenzuleben und einen angenehmen und entspannten Alltag zu haben, seine Kinder zu stärken und zu selbstbewussten Menschen heranwachsen zu lassen? Und sich dabei selbst nicht zu vergessen, sondern möglichst alle Bedürfnisse unter einen Hut zu bekommen? Gibt es da Geheimrezepte?

Meine Mischung für einen entspannten und angenehmen Alltag liegt in einer großen Portion gewaltfreier Kommunikation und in einer Grundhaltung der Achtung und des Respekts sowie in dem tiefen Wissen um die gute Absicht in jeder Handlung eines jeden Wesens.

Aus meiner eigenen Kindheit gibt es viele Erfahrungen, die ich mir oft bewusst ins Gedächtnis rufe, um zu sehen, wie sie mich geprägt haben, was mir dabei gut getan hat und was nicht. Mit diesen Reflexionen gehe ich jetzt durchs Leben.

Meine Kindheit ist, im Nachhinein betrachtet, einfach wundervoll gewesen. Ich war, bis ich fünfeinhalb Jahre alt war, zu Hause und hatte dann ein feines letztes Kindergartenjahr. Meine Mutter war zu Hause bei uns Kindern und arbeitete zeitweise in Heimarbeit für eine Akademie, später half sie meinem Vater in seiner Firma. In den Ferien waren wir „immer" auf unserem Bauernhof – wir verbrachten dort die Weihnachts- sowie Osterferien und im Sommer drei Wochen. Das war das Paradies für uns Kinder: andere Kinder zum Spielen, Wald, Wiese, Bach und viele Tiere. In meiner Rückschau sehe ich uns dort von früh bis abends im Freien oder im Heu spielen.

Ziel dieses Buches ist es zum einen, meine Werkzeuge, allen voran die gewaltfreie Kommunikation, in anschaulicher und anwendbarer Art und Weise den Lesern auf den Weg mitzugeben. Übrigens sind natürlich immer Frauen und Männer gleichermaßen gemeint, wenn ich auch aus pragmatischen Gründen nur eine Form gebrauche.

Zum anderen möchte ich Menschen – vor allem Eltern – Mut machen, bei sich zu bleiben und einen Weg zu finden, wie sie ihr Leben mit sich und ihren Kindern wirklich genießen können. Und wie sie es vielleicht auch zu einem unkonventionellen Leben machen können, indem sie ihrem Gespür und ihrer Intuition folgen:

- Sei dies bei der Anzahl der Kinder,
- einer ungewöhnlichen Schulwahl
- oder bei der Entscheidung, seinen Bedürfnissen und denen seiner Kinder zu folgen und dadurch einfach anders zu sein als die anderen. Irgendwann werden vielleicht alle anders sein ...

Ich möchte zeigen, dass kleine Sachen große Auswirkungen haben können – sowohl positive als auch negative – und wie es möglich ist, sich und seinen Kindern ein lebenswertes und authentisches Leben zu ermöglichen. Damit jeder seinen Weg gehen kann und dies zum Normalen wird!

Wohin geht die Reise?

DIE GEWALTFREIE KOMMUNIKATION

Eine Grundlage, die ich für mein Leben gefunden habe, um es mir mit meinen Kindern, meiner Familie und mit meiner Umgebung leicht zu machen, ist die gewaltfreie Kommunikation von Marshall B. Rosenberg. Für mich ist es die Klarheit und Einfachheit seiner Form, die ich als so hilfreich empfinde. In vielen anderen Büchern und Seminaren habe ich den gleichen Ansatz wiedergefunden, viele ähnliche Modelle, z.B. Gordons Familienkonferenz, haben also die gleiche Grundlage.

Rosenbergs Werkzeug alleine ist kein Garant für ein gutes Miteinander, sondern erst das, was ich damit mache.

 Es ist in etwa so: Mit einem Hammer kann ich ganz gezielt Nägel einschlagen und ein Bild an die Wand hängen. Ich kann allerdings auch mit voller Wucht auf die Wand einschlagen und Löcher in sie hämmern. Es kommt also immer auf die innere Einstellung an. Meine orientiert sich an Marshall Rosenberg, und genauso auch an meiner Mutter und vielen Sternen, die auf meinem Weg geleuchtet haben und leuchten.

Die wundervolle und ruhige Grundeinstellung dieses Konzeptes besagt, dass ich in dem tiefen Vertrauen bin, dass alles gut ist, so wie es ist und dass jeder in bestem Wissen und Gewissen handelt. Manchmal wäre es vielleicht gut, das Wissen einer Person um verschiedene Werkzeuge zu vergrößern. In der aktuellen Situation ist es jedoch für die Person der einzig gangbare Weg.

Wenn ich sehe, dass ein Mensch einen anderen verletzt, dann kann ich den Verletzenden als schlimm, böse oder ähnlich „bewerten". Ich kann ihn jedoch auch als Menschen sehen, der dies als die beste Möglichkeit sieht, einen Weg zu gehen, um sein Bedürfnis zu erfüllen.

Wenn eines meiner Kinder ein anderes Kind schlägt, dann kann ich mich auf die Suche nach den guten Gründen machen:

- *Weshalb schlägt es?*
- *Was macht ihm selber Schmerz?*
- *Und wie kann ich es unterstützen, damit es einen anderen Weg findet?*

Genau das Gleiche kann ich mich zu allen Menschen fragen:

- Was braucht ein Mensch, der andere Menschen verletzt, damit er seine Wut, seine Verletzung oder andere Gefühle anders ausdrücken kann?

- Wie können wir Gewaltverbrechen vermeiden? Indem wir die „Täter" wegsperren? Wie wäre es, wenn wir ihnen andere Werkzeuge in die Hand geben, damit sie neue Wege gehen können, um ihre Konflikte zu lösen?

- Und wie wundervoll wäre die Welt, wenn wir alle uns selbst gut kennen würden und sagen könnten, was uns gerade am Herzen liegt. Wie wäre es, wenn unser Gegenüber uns mit offenem Herzen zuhören kann und wir zu einer guten Lösung kommen, an der alle Beteiligten Freude haben?

Der erste Schritt zu solch einer globalen Lösung fängt zu Hause und in unserer nächsten Umgebung an.

SCHRITT 1: DIE BEOBACHTUNG

Ich möchte die **gewaltfreie Kommunikation**, kurz **gfK**, in einem alltäglichen Beispiel beschreiben. Und davor gebe ich eine kurze generelle Erklärung, wie sie funktioniert. Die gewaltfreie Kommunikation besteht aus vier bzw. fünf Schritten:

- Marshall Rosenberg hat die gfK auch als **Sprache der Giraffen** bezeichnet, da Giraffen die Landsäuger mit dem größten Herzen sind. Spreche ich in der Giraffensprache, ist mein Herz offen für mich und meine Gefühle und Anliegen sowie für die der anderen.
- Als zweite Sprache gibt es die **Wolfssprache**. Hier sehe ich nicht mit meinem Herzen, sondern heule meine Verurteilungen, meine Anschuldigungen, meine Bewertungen in die Welt.

Das klingt jetzt gegenteilig, nach einer guten und einer schlechten Sprache – dummerweise also so, wie es diese Idee von den Sprachen eigentlich nicht ist. Die Wolfssprache kommt bei uns dann ins Leben, wenn es eng wird, wenn wir keinen Raum mehr haben, unser Herz zu öffnen, oder Angst haben, dass wir verletzt werden. Dann schützen wir uns. Dann machen wir unser Wichtigstes zu: unser Herz. Als Schutz machen wir die anderen schlecht und schreiben ihnen böse Absichten zu.

Mit der Art und Weise unserer Kommunikation setzen wir uns nicht immer gleichmäßig auseinander, sondern besonders dann, wenn wir einen bewussten Konflikt haben. Meist gibt es einen Auslöser, der uns wütend macht, irritiert oder traurig – selten verursacht etwas, das uns freut, diese Reflexion. Solch ein Konflikt ist es auch, der in der angekündigten Alltagssituation eine wichtige Rolle spielt:

Ich komme ins Bad und die Zahnpastatube liegt offen auf dem Waschtisch. Da gibt es jetzt viele Reaktionsmöglichkeiten. Ist mir das gleichgültig, wird es bei mir wohl keine Gefühlsregungen hervorrufen. Vielleicht bemerke ich es nicht einmal oder nehme es nicht bewusst wahr. Es kann mich jedoch auch ärgern, wütend oder traurig machen oder auch freuen.

Sobald mir ein Gedanke durch den Kopf schießt, bei dem ich jemand anderen beurteile, bin ich bei der Wolfssprache, und somit beim Schritt, der der gfK vorgelagert ist: „So ein Depp, jetzt hat der schon wieder die Zahnpastatube offen gelassen!" „Ach, schade, ich brauche wohl gar nichts mehr zu sagen, denn XY will mich einfach nicht hören." „Super, ich brauche nicht lange herumzuschrauben, bin ich froh, dass XY das gleich so gelassen hat!"

Das ist das Wolfsgeheul! In allen drei Sätzen beurteile ich den anderen, ohne wirklich zu wissen, weshalb die Zahnpasta offen ist. Ist der Deckel verschwunden? War keine Zeit mehr? Ist der Deckel schmutzig? Wollte mir der Andere Arbeit abnehmen? Oder gab es weitere Gründe? Keine Ahnung. Ich weiß nur: Die Situation löst bei mir etwas aus.

Ich sehe etwas, und das ist der erste Schritt in der gfK: die **Beobachtung. Ich sehe, höre, rieche, schmecke oder fühle (haptisch) etwas.** In diesem Fall:

 *Ich sehe die Zahnpastatube offen auf dem Waschtisch.*

Wichtig ist es nun, in diese Beobachtung keine Bewertungen einfließen zu lassen. Kein: **schon wieder, immer, nie, dauernd**.

SCHRITT 2: DIE AUSGELÖSTEN GEFÜHLE

Dann kommt der zweite Schritt der gfK: **meine Gefühle**. Wie geht es mir, wenn ich die Zahnpastatube da sehe? Viele sagen: „Ist doch klar, ich ärgere mich!" Und das ist nicht „doch klar". Nichts ist für jemand anderen genauso, wie ich es empfinde, denn wir sind alle verschiedene Wesen. Der andere kann vielleicht aus Erfahrung irgendwann wissen, wie es mir geht, sofern ich mich nicht geändert habe. Und nur, wenn ich mich nicht wandle.

In meinen Gefühlen dürfen in der gfK auch keine Bewertungen mitschwingen. Sobald ich „Ich fühle mich …" sage, bewerte ich den anderen. „Ich fühle mich nicht gehört", heißt nämlich nicht, „Ich bin ungehört".

Wenn ich sage „Ich fühle mich …", dann drückt das aus: „Du hast mich nicht gehört, obwohl das deine Aufgabe ist."

Und da bewerte ich bereits.

Ich bin 😊
Positive Gefühle

angenehm	entschlossen	hellwach	schwungvoll
aufgedreht	entspannt	hocherfreut	selbstsicher
aufgeregt	entzückt	hoffnungsvoll	selbstzufrieden
ausgeglichen	erfreut	inspiriert	selig
befreit	erfrischt	jubelnd	sicher
begeistert	erfüllt	klar	spritzig
behaglich	ergriffen	kraftvoll	still
belebt	erleichtert	lebendig	strahlend
berauscht	erstaunt	leicht	überglücklich
berührt	fasziniert	liebevoll	überrascht
beruhigt	freudig	locker	überschwänglich
beschwingt	freundlich	lustig	überwältigt
bewegt	friedlich	mit Liebe erfüllt	unbekümmert
eifrig	fröhlich	motiviert	unbeschwert
ekstatisch	froh	munter	vergnügt
energiegeladen	gebannt	mutig	verliebt
energisch	gerührt	neugierig	wach
engagiert	gesammelt	optimistisch	wissbegierig
enthusiastisch	geschützt	ruhig	zärtlich
entlastet	glücklich	satt	zufrieden
	gutgelaunt		zuversichtlich
	heiter		

Ich bin ☹
Negative Gefühle

alarmiert	ermüdet	leblos	überwältigt
angeekelt	ernüchtert	lethargisch	unbehaglich
angespannt	erschlagen	lustlos	ungeduldig
ängstlich	erschöpft	miserabel	unglücklich
angstvoll	erschreckt	müde	unruhig
apathisch	erschrocken	mutlos	unwohl
ärgerlich	erschüttert	nervös	unzufrieden
aufgeregt	erstarrt	niedergeschlagen	verärgert
ausgelaugt	frustriert	panisch	verbittert
bedrückt	furchtsam	perplex	verletzt
beklommen	gehemmt	ruhelos	verspannt
besorgt	geladen	sauer	verstört
bestürzt	gelähmt	scheu	verwirrt
betroffen	gelangweilt	schlapp	verzweifelt
deprimiert	genervt	schockiert	widerwillig
durcheinander	hasserfüllt	schüchtern	wütend
einsam	hilflos	schwer	zappelig
elend	irritiert	sorgenvoll	zitternd
empört	kalt	streitlustig	zögerlich
entrüstet	kribbelig	teilnahmslos	zornig
enttäuscht	lasch	traurig	

 # Platz für weitere Gefühle

In meinem Beispiel können nun verschiedene Gefühle da sein:
- a) Ich ärgere mich.
- b) Ich bin traurig.
- c) Ich freue mich.
- d) Ich bin erstaunt.

SCHRITT 3: DIE BESCHREIBUNG DER BEDÜRFNISSE

Jetzt kommt dritte Schritt der gfK: **mein Bedürfnis**. Ich sollte mich fragen: Warum geht es mir so, wie es mir geht? Was ist mir wichtig? Dazu kann es mehrere Varianten geben, manchmal sogar verschiedene Bedürfnisse nebeneinander.

Ein Lernprozess ist es, seine Bedürfnisse gut kennenzulernen. Den meisten Menschen wurde in ihrer Kindheit abtrainiert klar zu sagen, was sie möchten, da dies als unhöflich galt und oft noch gilt.

Wissen wir jedoch, was wir wirklich wollen und brauchen, dann sind wir ein großes Vorbild für unsere Kinder. Sie spüren ja auch (noch), was sie wollen und brauchen. Und sie kommen sich oft eigenartig, frech oder unverschämt vor, wenn sie sagen, was sie wollen. Vor allem Mädchen.

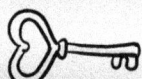 Machen wir also den ersten Schritt und lernen die Bedürfnisse aus meinem Beispiel kennen:

a) Ich ärgere mich,
   a. weil mir Ordnung wichtig ist.
   b. weil mir Sauberkeit wichtig ist.
   c. weil mir Unkompliziertheit wichtig ist (und mein jüngeres Kind die Zahnpasta nicht aufessen soll).
   d. weil mir meine Finanzen wichtig sind (und mein jüngeres Kind die Zahnpasta nicht aufessen soll oder die Zahnpasta sonst hinuntertropft).

   e. ....

b) Ich bin traurig,
   a. weil ich gehört werden möchte.
   b. weil mir Ordnung wichtig ist.
   c. weil von meiner Lieblingsurlaubszahnpasta der letzte Tropfen weg ist.

   d. ....

c) Ich freue mich,
   a. weil mir Schnelligkeit wichtig ist.
   b. weil mir Einfachheit wichtig ist.
   c. weil ich Chaos liebe.
   d. weil mir Unkompliziertheit wichtig ist (und mein jüngeres Kind dann eigenständig Zahnpasta verwenden kann).

   e. ....

d) Ich bin erstaunt,
   a. weil mein Mann / meine Frau sonst immer ordentlich ist.
   b. weil ich den Deckel nicht finde.
   c. weil es so gut duftet.

   d. ....

Habe ich eine erste Klarheit, ist es gut nochmals zu schauen, wie es mir mit der Situation geht.

- Wie geht es mir, wenn ich erstaunt bin, weil mein Mann/meine Frau unordentlich ist?
- Gut?
- Oder ärgert es mich?
- Und was brauche ich jetzt?

Es kann einige Durchläufe brauchen, bis ich klar bin.

 # Bedürfnisse

Nahrung für den Körper

- Bewegung
- Essen
- Gesundheit
- Körperliche Nähe
- Luft
- Ruhe
- Schutz vor lebensbedrohlichen Situationen
- Sexualität
- Unterkunft
- Wasser

Kontakt mit anderen

- Akzeptanz
- Anerkennung
- Austausch
- Beitrag zur Bereicherung des Lebens
- Ehrlichkeit
- Einfühlsamkeit
- Emotionale Sicherheit
- Freundschaft
- Geborgenheit
- Gehört werden
- Gemeinschaft
- Gesehen werden
- Liebe
- Nähe
- Respekt
- Rücksichtnahme
- Schutz
- Toleranz
- Unterstützung
- Verbundenheit
- Verlässlichkeit
- Verständnis
- Vertrauen
- Wärme
- Wertschätzung

Integrität/Stimmigkeit mit sich selbst

- Abwechslung
- Aktivität
- Authentizität
- Balance von Arbeit und Freizeit
- Balance von Geben und Nehmen
- Balance von Sprechen und Zuhören
- Bildung
- Disziplin
- Effektivität
- Einfachheit
- Engagement
- Entspannung
- Entwicklung
- Erfolg
- Flexibilität
- Freiheit
- Freude bereiten
- Gelassenheit
- Genießen
- Gleichwertigkeit

- Großzügigkeit
- Herausforderung
- Humor
- Identität
- Initiative
- Inspiration
- Integrität
- Kompetenz
- Konfliktfähigkeit
- Kraft
- Kreativität
- Kultur
- Leichtigkeit
- Mitgefühl
- Mut
- Natur
- Offenheit
- Optimismus
- Ordnung
- Privatsphäre
- Pünktlichkeit
- Selbstbestimmung
- Selbstvertrauen
- Selbstverwirklichung
- Selbstwert
- Sinnhaftigkeit
- Stärke
- Struktur
- Vergnügen
- Wertschätzung
- Zugehörigkeit

Autonomie

Feiern

Spielen

Spirituelle Verbundenheit

- Bewusstheit
- Friede
- Harmonie
- Inspiration
- Ordnung
- Schönheit

SCHRITT 4: DIE BITTE AN MICH SELBST

Und nun kommt der vierte und letzte Schritt der gfK: **die Bitte an mich selbst!** Das Geschenk an mich! Was kann ich für mich machen, damit es mir besser geht?

Wichtig ist, dass ich eine Bitte an mich richte. Diese Bitte kann auch sein, dass ich ein Gespräch mit der Person führe, die meine Empfindung ausgelöst hat. Und grundsätzlich steht für mich die Eigeninitiative und Selbstverantwortung im Vordergrund. Denn nur ich bin für mich und mein Wohlsein verantwortlich. Das will ich niemandem abgeben und mich so abhängig machen.

Mein Geschenk an mich selbst ist eines, das ich annehmen kann oder auch nicht. Was heißt das konkret? Ich kann eine Bitte finden, die vielleicht gut das Bedürfnis erfüllt, doch ich merke: Das möchte oder kann ich so nicht machen.

Die meisten Menschen merken, wenn sie eine Bitte gefunden haben, die wirklich passt. Bei mir entsteht beispielsweise im Bauch ein wohliges Kribbeln. Niemand sonst weiß, welche Bitte die passende für mich ist.

Genau an diesem Punkt werden oft Ratschläge von anderen gemacht. Das kann vielleicht hilfreich sein, doch ein Ratschlag ist immer ein „Schlag" – eine Empfehlung von jemandem, der glaubt es besser zu wissen als man selbst.

Das kann hilfreich, jedoch auch sehr störend sein. Daher finde ich es wichtig, dass jeder selbst auf eine Idee kommt, welcher Schritt der nächste passende ist.

Anregungen zu liefern – vor allem bei Kindern –, damit sie dieses Werkzeug gut verwenden können, finde ich allerdings hilfreich, ebenso wie ihnen zu erzählen, was ich selbst in so einer Situation tun würde.

 Zu meinem Beispiel folgen nun mögliche Bitten an mich selbst:

a) Ich ärgere mich,

   a. weil mir Ordnung wichtig ist.
      i. Ich kann die Tube selber schließen.
      ii. Ich kann einen Zahnpastaspender kaufen.
      iii. ....

   b. weil mir Sauberkeit wichtig ist.
      i. Ich kann saubermachen.
      ii. Ich kann Zahnsalz in einer Dose kaufen.
      iii. ....

   c. weil mir Unkompliziertheit wichtig ist (und mein jüngeres Kind die Zahnpasta nicht aufessen soll).
      i. Ich kann Zahnpasta kaufen, die meinem jüngeren Kind nicht so schmeckt.
      ii. Ich kann Zahnpasta mit Klappverschluss kaufen.
      iii. Ich kann einen Zahnpastaspender kaufen.
      iv. ....

   d. weil mir meine Finanzen wichtig sind (und mein jüngeres Kind die Zahnpasta nicht aufessen soll oder die Zahnpasta sonst hinuntertropft).
      i. Ich kann keine Zahnpasta mehr kaufen, wenn das „Zahnpastageld" aus ist.
      ii. Ich kann eine günstigere Zahnpasta kaufen.
      iii. Ich kann ein Gespräch mit dem Verursacher führen, um demjenigen zu sagen, dass er die Zahnpasta zahlen soll.
      iv. ....

b) Ich bin traurig,

   a. weil ich gehört werden möchte.
      i. Ich kann das Gespräch mit der Person suchen und sie bitten zu wiederholen, was ich ihr zum Thema „Zahnpasta" sage, so dass ich merke, sie hat mich gehört.
      ii. Ich kann einen Brief schreiben.
      iii. Ich kann mit einer anderen Person über mein Problem sprechen, damit sie mich hört.
      iv. Ich kann einen Scherz daraus machen, so dass ich das Problem leichter nehmen kann und der andere auch.
      v. Ich kann mir vornehmen, dass ich jedes Mal, wenn der andere seine Zähne putzt, ins Bad komme und ihm erzähle, wie wichtig mir die geschlossene Zahnpastatube ist.
      vi. Ich kann einen Wecker ins Bad stellen, der den anderen an das Schließen der Zahnpastatube erinnern soll.

      vii. ....

   b. weil mir Ordnung wichtig ist.
      i. Ich kann die Zahnpasta ordentlich aufräumen.
      ii. Ich kann die Zahnpasta verstecken.

      iii. ....

   c. weil von meiner Lieblingsurlaubszahnpasta der letzte Tropfen weg ist.
      i. Ich kann gleich den nächsten Flug buchen.
      ii. Ich kann mir im Internet die Zahnpasta suchen und mir gleich einen Vorrat bestellen.
      iii. Ich kann mir einen Tag lang Zeit nehmen, um dem Urlaub nachzutrauern.

      i. ....

c) Ich freue mich,

    a. weil mir Schnelligkeit wichtig ist.
        i. Ich putze schnell meine Zähne.
        ii. Ich sage dem anderen, wie sehr mich es freut, dass ich nicht immer auf- und zuschrauben muss.
        iii. Ich lächle still vor mich hin.
        iv. ....

    b. weil mir Einfachheit wichtig ist.
        i. Ich schmeiße den Deckel gleich weg.
        ii. Ich sage dem anderen, wie sehr er dadurch mein Leben bereichert.
        iii. ....

    c. weil ich Chaos liebe.
        i. Ich lasse die anderen Tuben auch offen liegen.
        ii. Ich freue mich, dass sich keiner über mein Chaos ärgert.
        iii. Ich sage dem anderen, wie fein es ist, dass wir da gleichticken.
        iv. ....

    d. weil mir Unkompliziertheit wichtig ist (und mein jüngeres Kind dann selbst Zahnpasta verwenden kann).
        i. Ich bedanke mich bei dem anderen für die Unterstützung.
        ii. Ich sage dem jüngeren Kind, dass es nun gut alleine putzen kann.
        iii. ....

d) Ich bin erstaunt,

    a. weil mein Mann / meine Frau sonst immer ordentlich ist.
        i. Ich frage ihn, was sich da bei ihm verändert hat.
        ii. Ich merke, dass mir Ordnung an sich wichtig ist. (Wieder zurück zu Schritt 3: Bedürfnisse!)
        iii. Ich freue mich, dass er nicht mehr so pingelig ist, und sage das auch.
        iv. Ich freue mich im Stillen.

        v. ....

    b. weil ich den Deckel nicht finde.
        i. Ich frage nach, wo der Deckel sein könnte.
        ii. Ich suche den Deckel.
        iii. Es ist mir gleichgültig, ich trinke jetzt meinen Kaffee.

        iv. ....

    c. weil es so gut duftet.
        i. Ich verteile die Zahnpasta im ganzen Haus.
        ii. Ich genieße diesen Duft, denn er erinnert mich an meine erste große Liebe.
        iii. Ich sage das.

        iv. ....

Sieht aus wie ein Persönlichkeitstest aus einer Illustrierten! Und hilft sehr.

    Abhängig davon, welches Gefühl eine Erfahrung in mir hervorruft und welches Bedürfnis gerade in mir hungrig ist, kann ich mich für eine Bitte entscheiden, die mein Leben bereichert.

    Ich kann mir dabei ganz sicher sein, dass meine Mitmenschen andere Gefühle und hungrige Bedürfnisse zu dem gleichen Erleben haben.

Sich immer wieder bewusst zu machen, dass Menschen Dinge gemäß ihren eigenen Gefühlen und Bedürfnissen in ihrer besten Absicht tun, ist vor allem dann wichtig, wenn ich mich über andere Personen ärgere.

Am ehesten merke ich das bei meinen Kindern, denn dort habe ich diese Sicherheit schon, dass sie mich nicht ärgern, um mich zu verletzen. Schwieriger ist es vielmehr bei Personen, die nicht „auf meiner Insel" leben. Da spüre ich dann, dass ich total aufgewühlt und – sozusagen als Kompensation – mit meinen Kindern oft eher unfreundlich bin, bis ich realisiert habe, dass mich jemand Drittes tief getroffen hat.

Und wenn ich das bemerke, kann ich das Verhalten dieser Person gut ansehen und feststellen, welche guten Gründe hinter den Handlungen stehen.

Hier ein aktuelles Beispiel aus meinem eigenen Leben und dessen Lösung:

Gestern Nachmittag war ich am Markt einkaufen. Nach dem starken Regen war es wahnsinnig matschig. Ich hatte Tim und Moritz mit, die beide leider nicht eingeschlafen sind. Somit haben wir zu dritt Obst und Gemüse ausgesucht, und das ist schon eine kleine Herausforderung. Ich wählte mit Tim das Gemüse aus und hatte teilweise Moritz auf dem Arm, was ziemlich anstrengend war. Danach begann sich Tim etwas abseits mit einem Stock und einer Pfütze zu beschäftigen, während ich zahlte und das Essen im Kinderwagen verstaute.

Nach einiger Zeit war der Herr, der neben mir schneller eingekauft hatte, fertig und ging an Tim vorbei. Er kam noch einmal zurück und fuhr mich an, es sei doch unmöglich, dass das kleine Kind da mit dem Stock stehe. Mich ärgerte die Unfreundlichkeit dieses Mannes. So sehr, dass ich dann die Kinder packte und wir weggingen.

Bald begann ich zu grübeln, da es mich traurig macht, wenn ich in Ärger mit einer oder über eine Person komme. Denn es kann nur Frieden bleiben, wenn wir bei uns anfangen und das Gute sehen können. So konnte ich schnell die guten Gründe sehen, die den Mann zu seiner Reaktion gebracht haben. Es war so wahnsinnig matschig und der Herr hatte wohl Sorge, durch Tims Stock könnte er getroffen oder schmutzig gemacht werden. Ich merkte auch, dass ich in dem Stock ein nettes Spielzeug sah, einen Malstab, und er eine Möglichkeit, jemanden zu verletzen oder zu beschmutzen. Dann blieb für mich nur noch übrig, mir mehr Kommunikation und Austausch zu wünschen.

Ich konnte nicht erkennen - schließlich räumte ich gerade den Kinderwagen ein und hielt zugleich noch Moritz –, dass der Mann wieder retour kommen und sich ungeschützt fühlen würde. Da wäre es fein gewesen, wenn er mir oder Tim das angekündigt hätte.

Wenn mir allerdings jetzt ganz bewusst wird, dass so eine offene Kommunikation nicht jedermanns Sache ist, und ihm vielleicht die Werkzeuge fehlen, um seine Angst und Sorge anzusprechen, dann kann ich diesem Einkäufer das nächste Mal einfühlender begegnen.

Der vor-erste Schritt in der konkreten Situation war die **Wolfsshow**. Hier konnte ich meine ganze Wut ausdrücken, meinen Ärger, meine Beschimpfungen loslassen. Ich war ungesehen und machte Vorwürfe.

In diesem Fall:

„Wie konnte der Mann mich nur so angehen? Hat der nicht gesehen, dass ich mich bemühe, mit meinen zwei Kindern auch etwas Nachhaltiges zu tun? Und hat der nicht gesehen, dass ich einen super Weg gefunden habe, Tim zu beschäftigen, damit ich in Ruhe etwas machen kann und er keinen stört? Und wenn der in Ruhe mit mir redet, können wir gerne eine Lösung finden. So nicht. Kommt daher und kann sich wohl alles nehmen, wie?"

Als der ganze Grant hinaus war, kam der erste **Giraffenschritt** dran. Die Wolfsshow war ganz wichtig, denn da merkte ich, was mich aufwühlte? Was machte mich wütend oder traurig? Diese Vorwürfe an den anderen zeigten mir auf, was ich eigentlich gebraucht hätte. Gut, ausgebrüllt, kam der Giraffentanz mit dem ersten Schritt, der Beschreibung der Situation. Ich hörte also noch einmal den Mann hinter meinem Rücken sagen:

„Das sehen Sie aber auch, dass das nicht geht, wenn der da mit dem Stock spielt."

Ich drehte mich um und sah ihn in der Nähe von Tim stehen.

Und dann kamen als zweiter Schritt die Gefühle: Wie ging es mir in dieser Situation? Viele Menschen meinen, dass das doch ohnedies klar sei, wie es mir da gehen müsse. Doch das war es nicht. In der Markt-Situation war ich zuerst einmal perplex. Dann war ich enttäuscht und wütend, und zuletzt traurig und unsicher.

Und da kam gleich die nächste Frage, die zum dritten Giraffenschritt führte: Warum? Was hätte ich gebraucht, damit es mir gut gegangen wäre? Am Markt hätte ich zum einen Freundlichkeit gebraucht, respektvollen Umgang und Wertschätzung für das, was ich da mache. Zum anderen hätte ich ganz einfach eine Information gebraucht, damit ich weiterhin gut für mich und die Kinder da sein kann.

Ganz konkret: Wäre der Mann hinuntergekommen und hätte er gesagt, dass er Sorge hat, dass Tim ihn trifft und dass er gleich noch einmal zurückkommen wird, dann hätte ich gut und rechtzeitig reagieren können. Und Unterstützung hätte ich auch gerne gehabt: Jemand, der vielleicht gleich direkt mit Tim freundlich redet oder mir die Kinder abnimmt, damit ich schneller fertig bin!

Wenn ich das jetzt so schreibe, dann merke ich, dass da noch ein Gefühl in mir rumort. Es resultiert aus der Satzmelodie, die eine Verbundenheit zwischen dem Mann und mir herstellen sollte, obwohl ich das nicht wollte. Es war ein „Gell, das sehen Sie doch auch so?", wo ich jetzt merke: Nein, das sehe ich nicht so! Denn ich bin mir sicher, dass Tim achtsam genug ist, um aufzuhören, wenn ihn jemand darum bittet. Das Gefühl ist noch da, da es anstrengend ist, immer wieder auf seiner Insel, im Vertrauen und in Beziehung zu bleiben. Ich entscheide mich für meinen Sohn, der nach bestem Wissen hier mithilft, und gegen „den anderen", der diese Schönheit nicht sieht, der nicht in Beziehung ist und sich von der Liebe abtrennt und mit Vorurteilen kommt.

Ich merke jetzt auch, dass ich diese Traurigkeit einordnen kann, denn bisher habe ich mich am Markt auch auf der Insel gefühlt und hatte nicht den Eindruck, mich dort verstecken oder kämpfen zu müssen für meine Art, Sachen zu machen.

Zusammengefasst brauche ich Folgendes: **Freundlichkeit, Wertschätzung** und **Respekt**; **Information** und die **Sicherheit**, in einer **entspannten Umgebung** zu sein. Was ich damit sagen will: Wesentlich ist es, hier eine eigene Klarheit zu bekommen.

Was war mein guter Grund, mich so zu fühlen, wie ich mich gefühlt habe? Mit der Übung und mit der Zeit steigen immer mehr Gefühle in einem hoch. Denn ein Erlebnis löst ganz viele Erinnerungen in mir aus, die durch jene Gefühle, die ich dabei empfinde, wieder ins Bewusstsein rücken.

- Durch die Klarheit der Gefühle konzentriere ich mich auf das, was gerade ist, und bekomme die wichtigsten **Bedürfnisse**, die da gerade laut rufen.
- Dann geht es weiter, zu **Gefühlen und Bedürfnissen in der zweiten Reihe**. Daher ist es auch immer gut, nachdem die ersten Bedürfnisse „geboren" wurden, nochmals zu den Gefühlen zurückzugehen, um zu sehen, ob da jetzt noch neue Gefühle aufgetaucht sind, wenn die erste Schicht einmal gesehen wurde.
- Erst jetzt komme ich vielleicht auf das eigentliche **Thema**, die Kränkung oder das tieferliegende Bedürfnis.
- Nach diesem mehrmaligen Durchlauf komme ich dann zum vierten Schritt. In diesem formuliere ich die **Bitte an mich selbst**. Für meine Situation am Markt hieß das, dass ich erkannt habe, dass ich meine genannten Wünsche von ganz vielen anderen Personen erfüllt bekomme, da brauche ich es von diesem Mann gar nicht.

Ich habe auch verstanden, dass es mir Information leichter macht, und da kann ich ihn das nächste Mal darauf ansprechen und ihn bitten, er solle mir rechtzeitig sagen, wenn er in die Nähe von Tim kommt. Oder ich kann eine Runde drehen und erst dann zum Markt gehen, wenn der Mann wieder weg ist.

Und wenn ich mich dort wieder sicher fühle, dann kann ich auch ein Gespräch mit ihm suchen. Dann kann ich seine Seite noch besser sehen, als ich sie jetzt erahnen kann.

Dies war ein Beispiel der Selbstklärung, um Selbstempathie zu bekommen. Ich habe für mich geklärt, was mir wehgetan hat und wie ich nun das nächste Mal gut für mich sorgen kann. Genau das Gleiche mache ich mit meinen Kindern, wenn es ihnen nicht gut geht, wenn sie im Konflikt miteinander oder mit mir sind.

 # Fragen für den Alltag

- Wann merke ich, dass mich eine Situation beschäftigt?
- Vielleicht eine, die andere als „lächerlich" abwerten?
- Was ist das ganz Konkrete daran, was mich bewegt?
- Was höre ich, sehe ich, rieche ich, schmecke ich oder fühle ich (haptisch)? **(Beobachtung)**
- Wie geht es mir damit? **(Gefühl)**
- Was brauche ich, damit es mir gut geht? **(Bedürfnis)**
- Wenn ich das .... **(Bedürfnis, von der letzten Frage)** habe, wie geht es mir dann?
- Wenn noch ein eher unangenehmes Gefühl dabei ist: Was brauche ich noch, damit es mir gut geht?

Nun ist es wichtig, so lange zwischen Gefühl und Bedürfnis zu pendeln, bis es sich ganz wohl anfühlt.

Wenn es mir gut geht, habe ich das eigentliche Bedürfnis gefunden.

- Was kann ich für mich tun, damit ich mir mein Bedürfnis nach .... erfüllen kann? **(Bitte an mich selbst)**
- Wie fühlt sich das an?
- Wenn es gut ist, kann ich dabei bleiben.
- Wenn es nicht so gut ist, sollte ich eine andere Bitte formulieren.

Meine Ideen:

KONFLIKTE BEGLEITEN: DEN FRIEDEN IN DIE WELT TRAGEN

Seit Jahren, wohl schon mein ganzes Leben lang, beschäftigt mich die Frage, wie es möglich ist, im Krieg zu leben, wo wir Menschen doch alle Frieden haben möchten. Wo doch Geborgenheit eines der menschlichen Grundbedürfnisse sind. Umso mehr ich in die Weite schaue, umso mehr lande ich bei mir selbst. Ich stelle fest, wie wichtig es ist, mit mir in Frieden zu leben – mit meinen Entscheidungen und meinen Handlungen. In einem zweiten Schritt möchte ich diesen Frieden dann auch mit meinen Nächsten – meinen Kindern, meiner Familie, meinen Freunden – teilen.

BEDÜRFNISSE: DIE URSACHE VON KONFLIKTEN

Den Frieden in die Welt zu tragen braucht also als Erstes einmal die klare Bewusstheit über eigene Bedürfnisse. Dabei hilft die Selbstklärung mit der gewaltfreien Kommunikation.

Wenn die eigenen Bedürfnisse mit den Bedürfnissen des Gegenübers in Konflikt geraten, dann kann es einen Streit geben. Um diesen Streit gut beizulegen, ist es wichtig, dass es neben dem Erkennen der verschiedenen Bedürfnisse auch noch andere Komponenten gibt. Erstens muss man die Wichtigkeit des eigenen Bedürfnisses im Verhältnis zu dem des anderen abwägen. Dabei entstehen Fragen: Kann ich mein Bedürfnis aufschieben? Oder kann das Kind sein Bedürfnis aufschieben, oder vielleicht jemand anderer, und wir können alle unsere Bedürfnisse erfüllen?

Ein Beispiel: Mir kann es wichtig sein, jetzt zu schlafen. Doch wenn mein Kind aktuell dringend aufs Klo muss, kann ich mein Schlafbedürfnis gut für fünf Minuten aufschieben. Genauso könnte ich auch entscheiden, dass es eine Windel bekommt, ins Bett pinkeln soll oder ich könnte meinen Mann aufwecken und ihm sagen, dass er es aufs Klo begleiten soll. Das tue ich nicht, weil ich abwäge, wessen Bedürfnis derzeit wichtiger ist, und zu einer klaren Antwort gelange.

Es gibt noch einen weiteren wesentlichen Faktor in meinen Überlegungen: Wie geht es dem anderen mit meiner Entscheidung? Vor allem, wenn er mit meiner Entscheidung ganz unglücklich ist, sollte man noch einmal genauer hinschauen. Denn dann steckt hinter dem vorrangigen Bedürfnis meist noch ein anderes, das erst später zum Vorschein kommen kann.

Einige Beispiele aus dem Alltag mit Kindern: Vielleicht ist es ganz wichtig, morgen den gleichen Kaugummi in der Schule mitzuhaben wie der beste Freund? Vielleicht war es heute anstrengend bei der Freundin und das Kuscheln am Abend gibt da Halt? Um solche Bedürfnisse hinter dem offensichtlichen Verhalten von Kindern zu erfahren, braucht es ein wenig Zeit und die Bereitschaft, seine eigenen Bedürfnisse kurz einmal hintanzustellen.

Wichtig ist es, bei den vier Schritten der gfK zu bleiben:
- Was habe ich erlebt und was der andere?
- Wie geht es mir damit, wie dem anderen?
- Welches Bedürfnis habe ich, welches der andere?
- Welche Bitte kann ich an mich und der andere an sich richten?

OHNE WENN UND „ABER"

Die Basis dieser Kommunikationstheorie ist folgende Grundeinstellung: Ich achte und wertschätze jeden Menschen, so wie er ist. Ohne Wenn und Aber. Ich nehme den anderen so an, wie er ist, jetzt in diesem Moment.

Eine wesentliche Einstellung, um zu dieser Einstellung zu kommen, ist es, das „Aber" aus seinem Leben zu streichen. Sobald ich dem anderen ein „Aber" entgegenhalte (oder mir selbst), werte ich das ab, was vorher gesagt wurde. Damit wird der Teil des Satzes, der nach dem „Aber" kommt, wichtiger. Klingt das sehr abgehoben?

Hier ein Beispiel dazu: Jakob und Sarah hatten am Heimweg von der Schule einen Streit. Nun berichten sie mir davon. Jakob erzählt, wie er gerade etwas auf der Straße gefunden und sich gebückt hat, um es aufzuheben. In diesem Moment kam Sarah, hat ihn gestoßen und ihm etwas zugerufen. Er ist darauf hingefallen und hat sich wehgetan. Wütend hat er sie angeschimpft und sie begannen zu streiten. Dann kam eine Frau mit ihrem Hund vorbei und hat Jakob erklärt, er solle doch auf seine kleinere Schwester gut aufpassen. Jakob ist deshalb noch wütender geworden. Und Sarah hat geweint, weil er dann schnell davongegangen ist und sie stehengelassen hat.

Sarah berichtet dieselbe Situation so: Sie wollte mit Jakob am Feldweg Fangen spielen und hatte ihn angestupst und „Du bist es" gerufen. Umstoßen wollte sie ihn nicht. Die ganze Zeit hat sie versucht, ihm das zu erklären, doch Jakob war so in seinem Schmerz, dass er sie nicht gehört hat.

Als sie mir beide davon erzählen, ist das anfangs eine verbale Fortsetzung des Streits mit lauter „Abers". Keiner hört dem anderen zu, jeder sieht nur den eigenen Schmerz und die Ungerechtigkeit. Beide sitzen da und haben Tränen in den Augen.

Mit jedem „Aber" werten sie den Satz des anderen ab und jeder beginnt sich mehr in seine Verteidigungsrede hineinzusteigern.

Wenn wir die „Abers" dieses Gesprächs durch „und" oder „und gleichzeitig" ersetzen, klingt das gleich ganz anders:

Jakob: „Ich habe auf dem Weg etwas rot leuchten gesehen und mich gebückt, um es aufzuheben. Und dann hat Sarah mich gestoßen und ich bin umgeknickt und habe mir da am Fuß wehgetan."

Sarah unterbricht ihn: „Das stimmt nicht. Ich habe dich angetippt."

Jakob: „Nein, du hast mich gestoßen. Und dann hat diese Frau mit mir geschimpft, weil ich wütend war. Und das war ich, weil mir der Fuß wehgetan hat. Und du, Sarah, bist echt blöd."

Sarah: „Und ich wollte nur mit dir spielen."

Jakob: „Und du hast mir wehgetan, da will ich doch nicht mit dir spielen."

Sarah: „Und gleichzeitig wollte ich dir nicht wehtun."

Jakob: „Und es war so. Und ich hasse es, wenn andere sich dann in unsere Sachen einmischen. Immer bin ich dann der Große, der aufpassen muss."

„Und du kannst mich nicht alleine stehenlassen und davonlaufen."

„Und ich lass mich nicht wegen dir von anderen Menschen beschimpfen."

Aus meiner Erfahrung finden „Und" -Diskussionen schon nach dem ersten oder zweiten „und" ein Ende. Denn ein „Und ich wollte mit dir spielen" löst im anderen ein „Ach so, du wolltest mit mir spielen?! Sag das doch gleich" aus. Das Wörtchen „und" zeigt, dass ich gehört habe, was der andere sagt, es in meine Welt integriere und dann noch meine Welt dazugebe.

KONFLIKTE ZWISCHEN ANDEREN PERSONEN

In der gewaltfreien Kommunikation gibt es neben der Selbstklärung, wie ich sie im ersten Kapitel beschrieben habe, auch die Möglichkeit, diese Selbstklärung mit anderen zu teilen, um so Konflikte zu lösen. Ist mir die gfK vertraut, kann ich erst einmal eine Selbstklärung für mich machen, um danach ganz bei der anderen Person sein zu können und ihr Empathie zu geben. Ich höre und sehe ihr zu und gebe mit Giraffenworten wieder, was ich gehört habe.

- Was hat sie ganz konkret erlebt? (Beobachtung)
- Wie geht es ihr damit? (Gefühle)
- Was braucht sie? (Bedürfnisse)
- Was kann sie machen, damit diese Bedürfnisse erfüllt sind? (Bitte an sich selbst)

Als Beispiel fällt mir eine Situation aus dem letzten Sommer ein.

Wir waren schwimmen und Jakob und Benjamin hatten einen Streit mit einem anderen Jungen. Sehr traurig und aufgebracht sind beide zu mir gekommen, um mir ihr Leid zu klagen. Ich war in dieser Situation sehr aufgebracht: nicht wegen meiner beiden Söhne, sondern wegen der Mutter der anderen Kinder. Durch ihr Einmischen in eine völlig harmlose Situation unter Kindern (es ging darum, wie gewisse „Lager" aufgeteilt werden sollten) hatte sie den Streit erst angezettelt und wollte meine Kinder dann als die Bösen hinstellen, die ihren armen Sohn vertreiben.

Diese Situation erinnerte mich an eine alte Geschichte aus meiner Kindheit, und da brauchte ich einmal kurz Zeit, um meine Wut zu ordnen, tief durchzuatmen, und dann bei meinen Kindern sein zu können. Ich wusste, dass es sonst ganz schnell hätte passieren können, dass ich diese Wut auf meine Kinder projiziere und sie dafür anfahre, dass sie ja nicht mit dem Kind spielen müssen.

Sobald ich also für mich geordnet hatte, was meine Wut ist, habe ich das einmal weggeparkt. Ich habe meine Kinder anhören können, als sie mir erzählt haben, dass sie gut und gerne gemeinsam mit dem anderen Kind spielen möchten. Dann sind wir zu dritt zu dem Jungen gegangen, der noch bei dem Lager war. Ich habe mich hingekniet, um auf Augenhöhe mit dem Jungen zu sein, und gefragt, wie er denn spielen möchte. (Bedürfnis erfragen)

Er meinte, dass er diesen einen Ast des Baumes unbedingt als Schlafplatz haben möchte. Benjamin und Jakob wollten das auch. „Ihr möchtet alle drei diesen einen Ast haben", sagte ich. (Beschreibung der Situation ohne Bewertung oder Verurteilung)

„Ja", sagten sie. „Mhm, wie kann denn das gehen? Leider kann ich nicht zaubern und ihn verdreifachen." Grinsen und eigenartiges Schauen der Kinder. Die Mutter des Jungen stand hinter den Kindern, die merkten das jedoch nicht. „Wir könnten uns abwechseln mit dem Schlafen auf dem Ast", meinte Jakob. Doch das wollten die anderen nicht. „Oder wir legen uns der Reihe nach darauf", schlug Benjamin vor. Das probierten sie aus, doch es drückte Jakob, der am Nächsten zum Stamm lag.

Da hatte der Junge die Idee, sie könnten sich aus den Handtüchern Hängematten bauen. Das wollten dann alle. Ich bezweifelte zwar, dass das funktionieren würde, ließ sie allerdings werken, denn der Konflikt war ja nun gelöst. Ich ging zu der Mutter, die etwas ernst blickte, und meinte: „Ganz schön schwierig, wenn alle auf den gleichen Platz wollen." (Empathie ausdrücken und die guten Gründe der Mutter sehen wollen.)

„Ja, Oskar spielt so gerne auf diesem Baum, doch immer ist jemand dort", meinte sie.

„Sie meinen, dass er den Baum für sich haben möchte?" (Wiederholen, was sie gesagt hat)

„Ja, gestern waren wir auch schon wegen dieses Baumes da, und da waren dann andere große Jungs, die ihn nicht hingelassen haben."

„Ah. Sollen wir sie nochmals fragen, ob Oskar dort alleine spielen möchte? Wenn ihm das so wichtig ist, können wir ja einen Weg finden, dass sie abwechselnd dort spielen?" (Türe öffnen für Lösungsmöglichkeiten)

„Ich weiß nicht, jetzt spielen sie gerade ohnedies miteinander."

„Gut, dann schauen wir einmal, und wenn es nochmals dicht wird zwischen den Jungs, dann frage ich sie. Das ist immer schwer mit solchen magischen Orten."

Gute Lösungen finden sich dann, wenn wir als Begleitpersonen keine Idee formulieren, was eine passende Lösung ist. Denn erst dann ist der Raum offen für das, was wirklich stimmig ist. Würde ich zu der Situation hinkommen und mir denken: „Ach Gott, schon wieder so ein Kerl, der streitet. Immer diese Typen, die nichts anderes können als ‚herumzicken' und entsprechend reagieren", dann würde ich selbst den Raum für eine offene Begegnung schon schließen, noch bevor er eröffnet worden ist.

Wenn ich merke, dass ich ein besonderes Gefühl dem einen Kind gegenüber habe, dann brauche ich zuerst Selbstempathie, damit ich frei in den „Konfliktring" steigen kann. Diese Selbstempathie braucht nicht lange zu sein. Es reicht, wenn ich mir ihrer bewusst werde: „Ah, dieser Junge, der erinnert mich an meine Schwester, die immer alles haben wollte, wobei ich oft den Kürzeren gezogen habe. Und jetzt ist er da und hat seinen guten Grund, warum er den Ast besetzen will."

Dass ich bei diesen Fragen zuerst mich frage, hat nichts mit Egoismus zu tun, sondern mit einer natürlichen Reihenfolge. Wenn ich mich selbst mit meinen Empfindungen nicht sehen und annehmen kann, dann kann ich auch nicht den anderen sehen. Zuerst Selbstempathie, dann Empathie für den Nächsten.

WEIHNACHTSMANN-ENERGIE

Eine wesentliche Haltung der gewaltfreien Kommunikation ist die, dass keiner den anderen verletzen oder ärgern möchte. Jeder handelt mit seiner guten Absicht, seine Bedürfnisse zu erfüllen, und oft kommt er dabei mit den Bedürfnissen einer anderen Person in Konflikt.

Wenn ich mir das bewusst mache, sehe ich den anderen immer in seiner vollen Schönheit und nicht als böse und kann ihm ganz einfach sagen, was ich gerade brauche und ihn fragen, ob er mir dieses Bedürfnis erfüllen möchte.

Stelle ich den vierten Schritt der gfK – die Bitte – an mich oder eine andere Person mit einem „Hohoho! Ich bin der Weihnachtsmann und habe ein Geschenk für dich! Mit diesem Geschenk kannst du mein Leben bereichern!", dann gehe ich freundlich und offen auf die andere Person (oder mich selbst zu) und übergebe ihr ein Geschenk: Meine Bitte, wie derjenige dazu beitragen kann, dass mein Leben besser wird.

Mit dieser Liebe und Offenheit kann meine Bitte angenommen werden oder auch nicht. Wenn nicht, so kann mit dieser vorhandenen Offenheit ein guter Weg gefunden werden, wie beide Personen ihre Bedürfnisse erfüllen können. Diese „Weihnachtsmann-Energie" ist die Quelle einer einfachen Konfliktlösung.

Dazu ein Beispiel:

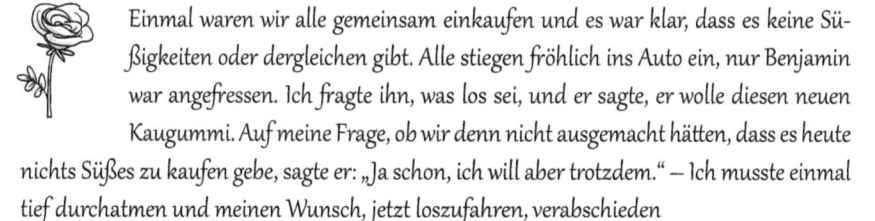

Einmal waren wir alle gemeinsam einkaufen und es war klar, dass es keine Süßigkeiten oder dergleichen gibt. Alle stiegen fröhlich ins Auto ein, nur Benjamin war angefressen. Ich fragte ihn, was los sei, und er sagte, er wolle diesen neuen Kaugummi. Auf meine Frage, ob wir denn nicht ausgemacht hätten, dass es heute nichts Süßes zu kaufen gebe, sagte er: „Ja schon, ich will aber trotzdem." – Ich musste einmal tief durchatmen und meinen Wunsch, jetzt loszufahren, verabschieden

„Gut. Du willst diesen Kaugummi. Wieso ist dir der so wichtig?" – „Den hat der Xaver heute gehabt und ich wollte ein Stück und er hat mir keines gegeben. Und der ist jetzt ganz neu und den gibt es nur für kurze Zeit." – „Ok, du wolltest den kosten und konntest nicht und jetzt hast du ihn wiederentdeckt und kannst ihn wieder nicht haben." – „Genau." – „Hast du eine Idee, was wir hier machen können? Ich habe keine Lust, jetzt sechs Packungen Kaugummi zu kaufen. Es sitzen schon alle im Auto und ich würde gerne fahren." – „Du kannst ja mit den anderen fahren und ich kaufe ihn mir schnell und komme dann zu Fuß nach Hause!" – „Ja, dann wollen wohl alle auch einen und zu Fuß nach Hause." – „Ich möchte ja nur ein Stück, ich kann einen kaufen und wir teilen ihn auf." – „Und wenn sie das nicht wollen?" – „Ich kann sie ja mal fragen!"

Benjamin machte die Autotür auf. „Wollt ihr auch den neuen XY Kaugummi kosten?" – „Ja, ja, ja, nein, ist mir egal" – (Seine Bitte wurde einmal nicht angenommen.)

„Mama, kannst du mir das Geld geben, ich laufe schnell und hole einen!" – „Du Benjamin, da hat jemand Nein gesagt, hast du das gehört?" – „Ja ..." – „Mhm, Laura, was brauchst du, damit das passt?" – „Mich nervt das, dass ich jetzt warten muss. Ich will schnell nach Hause." – „Was ist, wenn wir losfahren, du besorgst eine Packung und gehst zu Fuß nach Hause? Ihr könnt sie dann zu Hause kauen? Und du lässt sie auf dem Heimweg noch geschlossen?" – „Ja" – „Ja."

Laura konnte klar sagen, was ihr wichtig ist, und sie war nicht die Böse, die Benjamin seinen Kaugummi nicht lassen wollte, sondern ihr war ihr eigenes Bedürfnis größer. Mit dieser Möglichkeit konnten sich nun beide etwas schenken.

So etwas dauert drei Minuten und eine Lösung ist da, die für alle passt. Und der Nachmittag geht mit einer guten Stimmung weiter.

KONFLIKTE ZWISCHEN MIR UND EINER ANDEREN PERSON

Bei Konflikten zwischen mir und einer anderen Person ist es das Wichtigste, dass ich mir meiner eigenen Bedürfnisse bewusst bin. Nur so kann es zu einer Klärung kommen, die nicht nur für den anderen, sondern auch für mich stimmig ist. Diese Bedürfnisse können von Anfang an für mich klar sein, manchmal kommen sie allerdings auch erst während des Konflikts an die Oberfläche, manchmal selbst da noch nicht. Dann braucht es Zeit, bis eine Lösung gefunden ist.

Wichtig ist hierbei, zuerst sich Selbstempathie zu geben, sich immer wieder klar zu werden: Worum geht es mir eigentlich? Was stört mich? Erst wenn ich mir selbst gut zugehört habe, kann ich auch dem anderen gut zuhören. Wenn ich dem anderen mit einer positiven Einstellung gegenübertrete, können mich seine Worte kaum verletzen, sofern ich diese zugewandte Haltung im Gespräch nicht verliere. Dann nämlich sehe ich in den „Angriffen" des anderen ein hungriges Bedürfnis, das nach Erfüllung ruft, und nicht den Versuch, mich zu verletzen.

Fühle ich mich angegriffen, hat der andere einen wunden Punkt bei mir gefunden und mit seiner Handlung eine alte Schmerzgeschichte wieder aktiviert. Ansonsten treffen „einfach" zwei verschiedene Bedürfnisse aufeinander, die womöglich nicht kompatibel sind.

Im Kontakt mit meinen Kindern erlebe ich oft das Aufeinandertreffen von kindlichen und erwachsenen Bedürfnissen, die nicht zusammengehen. Dabei entscheide ich situativ, ob mir mein Bedürfnis so wichtig ist, dass ich es mir wirklich jetzt erfüllen möchte. (Mehr dazu im Kapitel „Vom Dienen und Schenken")

Hier ein Beispiel, dessen Lösung darin lag, erst das Bedürfnis meiner Tochter zu erfüllen und danach meines:

„Mama, kommst du noch kuscheln?" – „Liebe Sarah, du wolltest heute bei Julia sein, jetzt wolltest du noch spielen, und vorgelesen habe ich dir auch. Ich möchte jetzt alles fertig aufräumen und dann ist meine Zeit für mich selbst."

Sarah beginnt daraufhin zu weinen. Ich atme tief durch und frage: „Was ist denn los?" „Ich möchte, dass du kuscheln kommst." „Gut, ich komme und bin fünf Minuten bei dir zum Einschlafen."

Zehn Sekunden herrscht Ruhe, während ich sie kuschle. „Du Mama, ich mag gar nicht mehr zur Julia. Die hat gesagt, dass ..." Sarah erzählt mir, was am Nachmittag los war, ich wiederhole es, damit ich auch sicher bin, ob ich sie richtig verstanden habe. Als sie fertig ist, schnappt sie meine Hand und macht die Augen zu.

„Du Sarah, jetzt sind die fünf Minuten schon fast um. Ich bin jetzt noch ein bisschen da, dann gehe ich." „Nein, ich brauch dich noch." „Jetzt war ich lange bei dir, und du hast mir noch alles erzählt, was da heute los war. Bei mir war auch viel los und ich bin müde. Ich möchte jetzt meine Sachen fertig machen und in Ruhe meine Tasse Tee trinken."

Sarah schnieft ein wenig und lässt mich los. „Komm dann wieder vorbei, wenn du fertig bist." Als ich nach fünf Minuten bei ihr vorbeischaue, schläft sie schon tief und fest.

Vorhin habe ich angesprochen, dass Konflikte dann problematisch werden, wenn alte Schmerzpunkte getriggert werden. Geschieht das, dann wäre es wundervoll, wenn beide Seiten ihre Bedürfnisse und ihre Geschichte klären können, um dann offen und zugewandt miteinander reden zu können.

Mit einer Freundin hatte ich gerade so ein Erlebnis. Ich sollte sie als Seminarleiterin vertreten. Vordergründig fühlte es sich so an, als ob ich für etwas einspringen sollte, was an sich nicht meine Aufgabe war. Mit der Zeit meiner inneren Klärung merkte ich, dass wieder ein altes Thema bei mir anklopfte:

Mit gutem Gewissen meine Grenzen zu ziehen, wenn es mir zu viel wird.

Nun konnte ich ihr gut sagen, dass gerade alles nicht so liefe, wie ich es gerne gehabt hätte, und mir deshalb ihre Anfrage zu viel sei.

Sie antwortete mir, dass sie sich entschieden habe, selbst beide Tage anzubieten, und falls ich sie unterstützen würde, würde sie sich trotzdem darüber freuen.

So offen und freundlich, wie wir beide über unser jetziges Sein sprechen konnten, hatten wir beide uns selbst geklärt, bevor wir uns miteinander austauschten.

Empfehlungen für den Alltag

- Möchte ein ABER über meine Lippen kommen, ersetze ich es durch „UND (gleichzeitig)".
- Sobald ich mir über meine aktuelle Lage klar bin, kann ich mit der/den anderen Person(en) in Austausch gehen:
- Ich beobachte zunächst: Was hört, sieht, riecht, schmeckt oder fühlt der andere? – Ich kann nun eine Vermutung in Worte fassen, was der Auslöser eines bestimmten Verhaltens sein kann. Diese kann ich äußern.
- Ich versuche nun zu fühlen: Wie geht es dem anderen? Auch das kann ich mitteilen.
- Ich fasse nun das Bedürfnis in Worte: Was hätte der andere gern? Was braucht er, damit es ihm gut geht? Es ist wichtig, das gegenüber dem anderen zu signalisieren.
- Ich unterstütze anschließend die Bitte des anderen: Welche Idee hat er, damit es ihm wieder gut geht? – Hier warte ich ab, welche geniale Ideen der andere hat. Die Lösung soll immer von dem kommen, der das „Problem" hat.
- Wenn die Bitte mich selbst betrifft, kann ich mich fragen: Wie geht es mir damit? Kann ich ‚Ja' sagen? Kann ich ‚Nein' sagen?
- Wenn ich ‚Nein' sagen kann: Wie geht es mir? Was ist mir wichtig?
- Und wenn ich selbst eine Bitte an jemand anderen stellen möchte, dann überlege ich: Was kann jemand anderes, und wer konkret, machen, damit es mir ein Stück weit besser geht?

Meine Ideen:

IM SCHMERZ BEGLEITEN ODER: DEN FRIEDEN BEIBEHALTEN

Es gibt in unserem Leben zahlreiche Situationen, die unwiderruflich sind. Viele davon sind wundervoll und wir möchten sie auch gar nicht mehr rückgängig machen. Einige davon sind schmerzhaft, sehr schmerzhaft und manchmal auch kaum zum Aushalten. Es ist gut und wichtig, in diesen Schmerz zu gehen, ihn zu durchleben und dadurch wieder in einen Frieden zu kommen. Mit seinem Schmerz umgehen zu können, die Schuld nicht jemandem aufzubürden, weder sich selbst noch dem anderen, darin liegt die Chance auf Frieden in der Welt.

Mit seinem Schmerz wieder ins Reine zu kommen, das versuchen viele, indem sie dem Täter ebenfalls Böses tun. Dies ist eine scheinbare Möglichkeit, das innere Gleichgewicht wiederherzustellen und dem anderen zu sagen: „Schau mal, so sehr hast du mir wehgetan!" Der andere hat oft gar nicht mitbekommen, dass er verletzt hat, und denkt sich: „Ich habe doch gar nichts getan, und jetzt, jetzt hast du mich verletzt. Schau mal, so sehr hat mich das verletzt!" Und so beginnt ein Krieg, im Kleinen und im Großen.

In der „Ilias" beschreibt Homer die Geschichte von Achill und Priamos. Achill kämpft mit seinem allerbesten Freund Patroklos in der Schlacht und Patroklos wird von Hektor getötet. Achill ist am Boden zerstört und sinnt nach Rache. Er tötet Hektor, den Mörder seines Freundes. Doch damit ist sein Schmerz noch nicht gelindert, selbst nach dem Tod ist er nicht bereit, den Körper von Hektor zu ehren.

Priamos, Hektors Vater, sieht, was geschehen ist und geht auf nackten Füßen und nur mit einem Schurz bekleidet zum Zelt des Achill und bittet ihn, er möge den Leichnam seines Sohnes Hektor herausgeben. Da stehen sich der vor Schmerz rasende Achill und der vor Kummer niedergedrückte Vater Priamos gegenüber.

Da stehen sich nicht mehr zwei Feinde, sondern zwei Trauernde gegenüber. Obwohl der eine die Ursache für die Trauer des anderen ist, können sich die beiden in ihrer Trauer sehen und werden gesehen. Achill gibt für Priamos den Leichnam des Sohnes frei.

So ist es auch noch heute: Zur Ruhe kommen und die Waffen niederlegen ist dann möglich, wenn meine Bedürfnisse vom Gegenüber gesehen werden und ich seine Absichten sehen kann. Dann werde ich schön und der andere auch.

In vielen Konfliktbegleitungen, die ich mache, ist das – jedes Mal – sehr berührend. Da gibt es einzig die Regel, dass einer seine Sicht der Dinge beschreiben kann und der andere hört zu und wiederholt, was er gehört hat. So lange, bis der Erste nichts mehr zu sagen hat.

Dann ist der Zweite an der Reihe und erzählt, während der andere zuhört und wiederholt. Hat einer der beiden etwas anders verstanden, als es gesagt wurde, wird das so lange wiederholt, bis er ganz gehört wurde.

Irgendwann kommt der Punkt, wo beide sich ansehen und sie merken: Der andere ist doch wunderschön und möchte es so fein und leicht haben wie ich selbst. Und er ist in seiner Geschichte verstrickt und ich in meiner. Wir haben beide auf wunde Punkte gedrückt, ohne dass wir das wollten. Und es beginnt uns leid zu tun, dass wir den anderen verletzt haben.

Durch unser Offenlegen, was uns getroffen hat, machen wir uns auf der einen Seite verwundbarer, auf der anderen Seite gehen wir mit vollstem Vertrauen in die Situation, dass der andere dieses Vertrauen nicht missbrauchen wird. Und so ist es dann auch.

SCHMERZ SEHEN

Um andere im Schmerz zu begleiten, muss man zuerst bei sich selbst anfangen. Wie ist das, wenn meine Vorstellungen nicht erfüllt werden? Bin ich wütend, weil eine Bitte, die ich gestellt habe, doch eine Forderung war und der andere sie nicht angenommen hat? Sehe ich nur meine Sicht der Dinge und kann den anderen nicht als schön betrachten?

Es gilt wieder zu sehen:

- Was wäre mein Bedürfnis gewesen, das nicht erfüllt wird?
- Wie kann ich gut damit klarkommen, dass dieses Bedürfnis nicht erfüllt ist?
- Oder gibt es einen anderen Weg, wie ich etwas zu meiner Zufriedenheit beitragen kann?

Wichtig ist hierbei die Selbstverantwortung, also darauf zu achten, dass es mir gut geht. Das ist der Schlüssel für ein friedliches Miteinander.

Ungünstigerweise wird dies Menschen in unserer Gesellschaft bereits in frühester Kindheit abtrainiert. Wenn ein Baby weint, weil es Schmerzen hat, versuchen viele Eltern, ihm diese Empfindung auszureden:

„Das hat doch gar nicht weh getan!"

Schließlich wollen wir nie haben, dass unser allerliebstes Baby leiden muss und können das nicht sehen.

Unser Baby teilt sich uns gerade mit. Es ist hingefallen und hat sich aufgeschürft; es wurde von einem anderen Kind umgestoßen; es hat eine Spritze vom Arzt bekommen. Das sind Situationen, die für das Kind schmerzhaft und die auch nicht zu vermeiden sind.

Lernen besteht eben oft aus einer schmerzvollen Erfahrung, aus der wir die Lehre ziehen, dass wir etwas anders machen müssen.

Wir als Eltern haben die Aufgabe, unsere Kinder in ihrem Leben zu begleiten, und nicht ihnen die unschönen Teile aus ihrem Leben wegzuleugnen. Wenn uns dieses „Das hat doch gar nicht weh getan" auf den Lippen liegt oder schon über sie gekommen ist, dann können wir sehen:

- Was haben wir für gute Gründe, das zu sagen?
- Können wir mit Schmerz umgehen?
- Wie geht es uns, wenn unser Kind weint?
- Wie, wenn ein anderer ihm wehtut?
- Haben wir Zugang zu unseren Gefühlen?

Dazu wieder ein Beispiel:

Als Lukas eineinhalb Jahre alt war, musste ich mit ihm zum Blutabnehmen gehen. Die Ärzte bemühten sich, doch die Vene rutschte immer wieder weg und sie konnten das Blut nicht bekommen. Lukas saß auf meinem Schoß und große Tränen rollten ihm über die Wangen. Wir beide wussten, dass das notwendig war, und es tat uns beiden furchtbar weh. So weinten wir beide.

Einer der Ärzte gab uns eine Pause, und wir saßen beide im Sessel und weinten unsere Tränen über den Schmerz, den Lukas erleben musste und über meine Traurigkeit, dass ich ihm das nicht nehmen konnte. Irgendwann hatten wir uns ausgeweint. Ich sagte dem Arzt, dass wir nun bereit wären. Und nach dem dritten Versuch erwischte die Nadel dann endlich die Vene.

Ich sehe es als einen ganz wichtigen Teil, seine Gefühle und Bedürfnisse zu kennen und auch benennen zu dürfen. Das bedeutet nicht, dass immer alle meine Bedürfnisse erfüllt werden. Trauerarbeit um Unmögliches ist ein wichtiger Teil des Elternseins und in der Friedensarbeit.

Auch hierzu ein kleines Beispiel:

Ich habe den Wunsch, einfach und schnell in Ruhe einkaufen zu gehen, mit vielen Kindern. Auch wenn wir das davor im Auto besprochen haben und ich sie gebeten habe, dass ich schnell jene Sachen einkaufen möchte, die wir wirk-

lich brauchen, ist es oft so, dass sie noch andere Dinge wollen. Sobald ein Kind wütend wird, weint und schreit, ist mein Wunsch nach einem ruhigen Einkaufen nicht mehr erfüllt.

Nun gibt es mehrere Wege, um mir Gutes zu tun: Ich kann beschließen, dass mir mein Wunsch nicht so wichtig ist und sie ihre Dinge aussuchen lassen. Das ist ein Rattenschwanz, wenn fünf, sechs oder sieben Kinder alle ihre Sache haben wollen. Ich will also schon deshalb klar sein, weil irgendwann das Geld aus ist.

Ich kann auch genauso gut bei meinem Wunsch bleiben, nur das einzukaufen, was wir wirklich brauchen, und auf die Ruhe verzichten. Da weinen und toben dann vielleicht zwei Kinder, und ich mache meine Sache. Mache meine Ohren zu und mache mein Ding. Das ist ein guter Lernprozess, nicht von der Meinung anderer abhängig zu sein oder in gutem Licht dastehen zu wollen, wenn es einem einmal wichtig ist.

Ich kann auch meiner Wut und Enttäuschung Raum geben, indem ich „gewaltfrei schimpfe". Meine Enttäuschung, meine Wut, meine Erschöpfung, all das kann ich wütend sagen. Ich kann mich ärgern und diesem Ärger Raum geben. Dazu mehr im nächsten Kapitel.

TRAUER BEWÄLTIGEN

In solchen „kleinen" Alltagssituationen kann ich mein Im-Schmerz-Begleiten für die Momente üben, wo ich echt in der Trauer bin.

- Wie ist es, wenn etwas endgültig vorbei ist?
- Wenn ich nur noch traurig bin und dieser Schmerz immer wieder aufkommt und es nicht mehr die Möglichkeit gibt, einen Schritt zurück zu machen?
- Wenn also ein Bedürfnis so nie wieder erfüllt werden kann?

Solche Trauer kann sich in Alltäglichem ausdrücken: Vor knapp zwei Jahren begann mein Mann mit einer Ausbildung, ich hingegen verzichtete auf eine Bildungsmöglichkeit für mich, weil beides zusammen nicht ging. So gab es viele gute Phasen, in denen ich mit dieser Entscheidung gut klarkam und mir anderswo Unterstützung holte.

Nun ist diese Zeit bald um und ich merke, dass sie zu einem neuen Alltag geworden ist, dass ich viel dazugelernt habe: Wie ich selbst mehr auf mich achten, wie ich mir noch etwas leichter Hilfe und Unterstützung organisieren und noch klarer meine Bedürfnisse nicht nur wahrnehmen, sondern auch ausdrücken kann.

Schließlich habe ich auch gelernt, nicht Ja zu etwas zu sagen, wozu ich nicht aus vollem Herzen Ja sagen kann.

Die Trauer, dass ich auf meine Ausbildung verzichtet habe, war jedoch nach wie vor da, und immer wieder einmal kam Wut hinzu, wenn ich merkte, dass ich über meine Grenzen ging. Sehr hatte ich mir in dieser Situation eine Woche Auszeit für mich gewünscht, Zeit, einmal ganz alleine zu sein. Doch das war für meinen Mann beruflich nicht durchführbar und mir war klar, dass ich Moritz nicht eine Woche einem anderen überlassen würde. Deshalb gab es nur eine Möglichkeit: Ich musste mich in meiner Erschöpfung sehen und schauen, wie ich mich da unterstützen kann, um mir meinen Alltag zumindest einfacher zu gestalten.

Und es gibt auch die Trauer im gebräuchlichen Verständnis, das mit dem Tod zu tun hat: Der Tod meiner Mutter liegt nun 20 Jahre zurück und ich habe mehr Zeit meines Lebens ohne sie als mit ihr verbracht. Wie der Alltag wäre, wenn sie noch am Leben wäre, kann ich mir gar nicht mehr vorstellen. Ich kann es mir allerdings ausmalen.

In meinem Durchwandern der Trauer merke ich, dass der Schmerz nach wie vor so frisch sein kann, als wäre sie erst gestern gestorben. Damit umzugehen habe ich in einem ganz wesentlichen Aspekt bei der Imago-Therapie gelernt: Es gilt, sich von all den Sachen zu verabschieden, die gemeinsam schön waren. Das ist wohl das, was wir alle bei unserer Trauerarbeit machen.

Danach gilt es die Sachen zu verabschieden, die nicht so fein waren, die uns vielleicht das Leben nun in der neuen Situation leichter machen. Und dann gilt es sich von unseren Träumen und Vorstellungen zu verabschieden: Was wäre noch fein gewesen, gemeinsam zu erleben?

Für mich war es der Gedanke, dass meine Mutter niemals eines meiner Kinder in Händen halten wird, dass sie mich niemals real und präsent bei meinem Muttersein unterstützen wird. Dass wir niemals gemeinsam Weihnachten feiern oder gemeinsam auf Urlaub fahren können mit meiner Familie. Seit mir dieser Teil der Trauer bewusst ist, kann ich immer wieder einmal davon Abschied nehmen und merke, dass dies 20 Jahre lang in mir geschlummert und keinen Raum gefunden hat.

Seit ich mir den Raum dafür geben konnte und ich das auch meinen Engsten um mich mitteilen konnte, kann ich ein Stück weit freier leben. Ich habe einen Namen für den Schmerz, den ich bisher nicht benennen konnte. Und für meine Wut, wenn ich überfordert war. Denn dann war da der Gedanke, dass meine Mutter mich zu früh verlassen hat. Und das ist nun weg. Da ist eine Traurigkeit, die schon viele Tränen hat fließen lassen und die immer weniger werden.

MIT ALLTAGSSCHMERZEN UMGEHEN

Genauso wie es gilt, große, unwiederbringliche Träume zu verabschieden und gehen zu lassen, sterben täglich ganz viele kleine Träume, bei uns und unseren Kindern. Wenn wir sie ziehen lassen, wird uns leichter.

Oft ist es gut, wenn derjenige, der diesen Traum zu Fall gebracht hat, das auch mitbekommt. Ich kann beispielsweise meinem Mann sagen, wie schwer es ist, wenn er so viel weg ist. Und ich kann mit meinen Kindern träumen, wie es wäre, wenn die zerrissene Zeichnung noch ganz wäre oder sie jetzt mit den anderen mitspielen könnten.

Bei vielen „Alltagsschmerzen" ist es faszinierend, wie schnell es wieder gut ist, wie durch das „Fertigträumen" oft Raum für Neues geöffnet wird. (Dazu gibt es auch noch Hinweise im Kapitel „Zaubereien: Traumländer und Wuthunde".)

Das kommt mir häufig vor wie eine Reinigung.

Wenn ein Kind bei mir am Schoß sitzt und weint, dass es gerne mit den anderen mitgespielt hätte, träume ich das mit ihm weiter: „Du hättest gerne mit den anderen etwas gespielt." – „Ja." – „Und da hättest du ein Haus gebaut" – „Nein, ich hätte so gerne mit den Autos ein Rennen gemacht." – „Das wäre echt fein gewesen." – „Ja." – Pause – lange Pause – „Du, Mama, ich möchte jetzt eine Höhle bauen." Langsam erhebt sich der Zwerg von meinem Schoß und holt sich Decken und Tücher.

Genauso ist es, wenn wir die Ursache einer Trauer sind. Wir haben einen Traum zerstört, der andere ist in Trauer. Das ist oft schwer auszuhalten, denn wir wollen doch alle nicht dem anderen wehtun und ihm Schmerz zufügen. Wir wollen uns selbst auch keinen Schmerz zufügen und haben wahrscheinlich nicht in böser Absicht gehandelt, sondern immer nach bestem Wissen und Gewissen.

Insbesondere unseren Kindern wollen wir keinen Schmerz zufügen, das wollen die meisten Eltern vermeiden. Wenn es passiert, dann wollen die meisten Eltern es sich nicht eingestehen. Gute Eltern fügen ihren Kindern kein Leid zu. Doch dieses Leid passiert, in vielen kleinen Sachen. Ich denke, dass es ein ganz normaler Prozess in unserem Leben ist, dass wir Schmerz erleben. Wichtig ist, dass wir damit nicht alleine gelassen werden und Verantwortung für unser Handeln übernehmen.

Wenn ich einen Schatz meiner Kinder kaputtmache oder ihn unabsichtlich wegschmeiße, dann ist es meine Aufgabe, ihre Trauer zu sehen. Ich kann ihnen sagen, dass es mir leid tut. Dabei darf ich keinesfalls die Verantwortung für meine Handlung dem anderen überstülpen. So etwas wie „Selber schuld, du hast das da liegenlassen" schiebt die Verantwortung meines Handelns dem Kind unter. Und das Kind hat dafür keine Verantwortung, sofern ich nicht im Vorfeld angekündigt habe, dass ich Sachen, die auf dem Boden liegen, wegschmeiße. Selbst dann habe ich wohl kaum das Recht, fremdes Eigentum zu entsorgen.

Ein anderes Beispiel:

Wenn mein Kind über meine Grenze geht und tobt und ich es in sein Zimmer bringe, dann kann es passieren, dass es bei seinem Herumtoben und ich im Versuch, es zu tragen, am Türrahmen anstößt. Es ist nicht die Schuld des Kindes, dass es sich nun wehgetan hat. Es ist meine Verantwortung. Sofern es dies zulässt, kann ich es trösten und darf auch aushalten, dass es sich über mich ärgert. Ich habe ihm wehgetan.

SCHMERZ ANNEHMEN

Ich denke, dass das Im-Schmerz-Begleiten in unserer Welt kaum Platz hat. Oft wohl aus der Angst heraus, dieser Schmerz könnte so groß sein, dass wir ohnmächtig von einer Schmerzlawine überrollt werden. Und dass das Gegenüber nicht mehr aufhört zu weinen. Oder dass wir dafür verantwortlich sind, dass es dem anderen wieder besser geht. Dann versuchen wir abzulenken, Sachen schönzureden oder zu leugnen.

- „Ein Indianer kennt keinen Schmerz",
- „Das hat doch gar nicht wehgetan"
- oder mit Süßigkeiten, Schnuller und ähnlichen Ver-Tröstern dem Schmerz den Garaus zu machen.

Dabei wird der Schmerz nicht angenommen und den Gefühlen des Kindes wird kein Glauben geschenkt, sondern sie werden als unrichtig dargestellt.

Kleine Kinder lernen dadurch, sich selbst zu verleugnen, denn wer weiß besser, wie die Welt aussieht, als Mutter oder Vater? Wenn wir Erwachsenen ihnen sagen, dass ein Sturz nicht wehtut oder der Verlust des geliebten Spielzeuges lächerlich geringfügig ist, dann bemühen sie sich, das zu glauben. Wir berauben sie dadurch ihrer Gefühle, ihres Selbstbewusstseins und ihrer Selbstkenntnis.

Wir können allerdings an uns selbst die Erfahrung machen, wie gut es tut, wenn wir so angenommen werden, wie wir sind. Vor allem in unserem Schmerz. Wenn wir uns selbst zuhören und merken, wovon wir Abschied nehmen, welche Trauer in uns steckt und wie gut es ist, alle Tränen zu weinen, die da sind. Und oft ist die Angst so groß, dass wir den Schmerz der Kinder nicht aushalten.

Wir wünschen uns, dass es unseren Kindern immer gutgeht und dass sie nie leiden müssen. Haben wir uns das nicht alle gewünscht, als wir dieses kleine Baby das erste Mal am Arm gehalten haben?

Ich möchte etwas dagegenhalten: Ich kenne keine Geschichte, in der jemand gestorben ist, weil er sich zu Tode geweint hätte. Ich kenne jedoch viele Geschichten von Menschen, die sich überlegt haben, sich das Leben zu nehmen oder wirklich Suizid begangen haben, da sie mit ihrem Schmerz nicht klarkamen und niemanden hatten, der ihnen wirklich zuhörte.

Es gibt die Idee eines Tränensees, einer Ansammlung all jener Tränen, die darauf warten, geweint zu werden, fließen zu können. Der See sollte nicht überlaufen, im Idealfall gar nicht vorhanden sein. Wenn also bei einem Schmerz die Tränen im Fluss sein können, wir also als Ganzes im Fluss sein können, dann staut sich kein Tränensee auf. Wir können so bei jeder Gelegenheit authentisch sein und das tun, wonach uns gerade ist – auch weinen.

Wenn wir hingegen nicht all den Tränen ihren Raum geben, bildet sich ein Tränensee. Sobald sich eine Gelegenheit bietet und die Tränen zu laufen beginnen, kommen all die angesammelten Tränen aus dem Tränensee mit und entleeren sich. So kann es sein, dass wir bei einer völlig belanglosen Schmerzgeschichte sehr viel weinen, wenn wir gerade ein Umfeld haben, das diese Tränen zulässt.

Ich wünsche mir, dass es immer so ein Umfeld gibt, in dem Tränen, Schmerz und Trauer, und genauso Wut, Angst, Freude, Fröhlichkeit und all die anderen Gefühle ihren Raum haben können.

Hätte ich immer die Bewusstheit oder würde mir die Zeit nehmen, in diese Bewusstheit zu kommen, gäbe es keine Konflikte mehr. Ich könnte mich mit meinen Bedürfnissen klar erkennen, mich in meinem Schmerz begleiten und mein Gegenüber mit seiner guten Absicht sehen und es in seinem Schmerz begleiten.

Wir leben in Frieden mit uns selbst und mit all unseren Mitmenschen – so simple, but not easy.

Empfehlungen für den Alltag

Wenn jemand in meiner nächsten Nähe (oder ich selbst) einen Schmerz hat (habe), nehme ich diesen Schmerz an und übergehe ihn nicht. Dazu verwende ich die bereits besprochenen Kommunikationsregeln:

„Wenn du … hörst/siehst/riechst/schmeckst/fühlst, …" (Beobachtung)

„…, dann bist du …" (Gefühl)

„Und du hättest/würdest gerne …" (Bedürfnis)

„Das macht dich ganz …" (Gefühl)

Nun warte ich ab, was der andere sagt. Erst dann, wenn alle Traurigkeit sein konnte, kann ich eventuell noch anfügen:

„Hast du eine Idee, was du machen kannst?"

Wenn ich selbst bei jemandem einen Schmerz ausgelöst habe, kann ich meine Kommunikation ergänzen:

„Du bist …, weil ich … gemacht habe." (Gefühl und Beobachtung)

„Und du hättest gerne …" (Bedürfnis)

Nun warte ich und lasse den anderen noch erzählen, wenn er möchte. Danach wiederhole ich, was der andere gesagt hat und frage, ob ich ihn richtig verstanden habe. Das wiederhole ich so lange, bis der andere alles gesagt hat.

    Erst danach frage ich den anderen, ob er hören möchte, wie es mir selbst geht. Wenn ja, erzähle ich, was mich zu der Handlung bewegt hat. (Welches Bedürfnis war bei mir gerade dran, wie geht es mir jetzt?)

    Wenn der andere nichts hören möchte, dann erzähle ich nichts. Ich warte nun, was der andere sagt.

    Es ist gut, wenn alles gesagt und gehört wurde. Abschließend kann ich fragen, ob es Ideen für eine nächste ähnliche Situation gibt.

Meine Ideen:

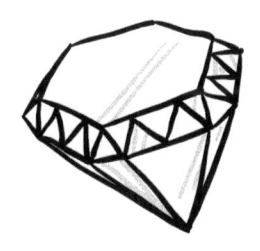

DIE GANZE LADUNG ENERGIE: UMGANG MIT AGGRESSION UND WUT

Aggression und Wut sind in unserer Gesellschaft leider sehr negativ behaftet, dabei sind sie ganz wesentliche Anzeiger, dass wir etwas anders wollen, als es gerade ist.

Steht bei der Trauer oft die Hilflosigkeit im Vordergrund, weshalb wir sie aus unserem Leben ausklammern wollen, so ist dies zwar bei Aggression auch der Fall, vor allem erlauben wir uns selbst nur selten, selbst aggressiv zu sein.

Erfahren wir ein „Schockerlebnis", gibt es eine Abfolge, wie wir mit der neuen Situation umgehen. Solche erschütternden Erlebnisse in kleiner Form und ihre Folgen gibt es vor allem für jüngere Kinder täglich:

- Zuerst wollen wir diese Situation nicht wahrhaben. (Beispiel: Das Kind versucht das Verbot, einen Lutscher zu nehmen, zu ignorieren und die Situation noch in seine Richtung zu ändern, indem es sich nochmals den Lutscher aus dem Supermarktregal holt.)

- Anschließend kommt die Wut, in der der Frust über die neue Situation Raum bekommen kann. (Beispiel: Das Kind strampelt voller Wut am Boden herum und beschimpft uns als „böse".)

- Erst wenn die Wut ausgelebt ist, kann die Trauer kommen. (Beispiel: Das Kind begreift, dass es das Gewünschte nicht bekommen wird, und fällt in ein Weinen.)

- Als Abschluss beginnen wir die neue Situation in unser Leben zu integrieren. (Beispiel: Das Kind hört auf zu weinen und macht etwas anderes.)

Damit wir unseren Kindern und unserem Umfeld die Erlaubnis geben können, wütend sein zu dürfen, müssen wir es uns zuerst auch selbst erlauben. Und dazu braucht es ein Selbstverständnis, indem wir die guten Gründe für unsere Wut sehen können.

WARUM WIR WÜTEND SIND

Wut kommt dann in unser Leben, wenn unsere Grenzen nicht gewahrt werden: Das kann daran liegen, dass wir diese noch nicht klar kennen und daher auch nicht rechtzeitig Stopp sagen können.

Das ist beispielsweise dann der Fall, wenn uns jemand eine Arbeit aufbrummt, der wir nicht gewachsen sind. Wir denken vielleicht, dass das Verlangte in unseren Handlungsbereich fällt, kommen während der Arbeit allerdings zu der Einsicht, dass diese Aufgabe über unsere Grenzen geht. Sie dauert zu lange, ist zu anstrengend oder wir werden mit einem Thema konfrontiert, zu dem wir nicht hinsehen wollen.

Wir können unsere Grenzen jedoch auch kennen und dabei nicht in der Lage sein, sie klar mitzuteilen. Oft liegt das daran, dass wir in unserer eigenen Kindheit abtrainiert bekommen haben, unsere Grenzen mitzuteilen.

Wie oft mussten wir etwas mit einer Freundin, einem Freund oder unseren Geschwistern teilen, obwohl wir es gerade ganz für uns haben wollten? Ein Spielzeug, unsere Mutter oder einen eigenen Raum für uns alleine? Wenn wir in diesen Situationen als egoistisch und unfreundlich geschimpft wurden, weil wir unsere Grenzen gezeigt und Nein gesagt haben, wirkt das weiter.

Daher haben wir mit gutem Grund gelernt, zwar zu spüren, dass uns etwas nicht passt, gleichzeitig jedoch nichts dagegen zu sagen. Wir wollten ja unsere Eltern nicht blamieren, unserer Mutter nicht widersprechen oder unhöflich sein.

So haben wir den Ärger hinuntergeschluckt, um ihn dann wahrscheinlich durch böse Bemerkungen, „Heimzahlen" in anderen Situationen oder durch beleidigtes Verhalten ausleben zu können.

Schließlich gibt es auch noch Situationen, in denen wir zu spät realisieren, dass da gerade jemand über unsere Grenzen geht. In diesem Fall können wir gar nicht schnell genug reagieren.

Kinder sind in dieser Hinsicht gute Lehrmeister. Gerade in den Momenten, wo wir mit unseren Gedanken nicht bei ihnen sind, fragen sie nach Sachen, von denen sie ahnen, dass wir Nein sagen würden, wenn wir bei der Sache wären. Das machen sie natürlich ganz bewusst und gezielt, sie warten direkt darauf, bis wir in Gedanken versunken sind.

Und damit wir in Ruhe unsere Sache weitermachen können, sagen wir Ja, ohne die Dimension dieser Zusage abschätzen zu können. Dann kommt beispielsweise die Freundin zum Übernachtungsbesuch, die nachts bis zehn Uhr vorgesungen haben möchte, oder die Kinder erschleichen sich das fünfte Eis des Tages.

In all diesen Situationen sind wir an und für sich wütend auf uns selbst und unser Verhalten:

Wir haben nicht klar Nein gesagt, sei es, weil wir es nicht konnten oder weil wir die Auswirkungen des Ja nicht realisiert haben. Sich hier selbst in die Verantwortung zu nehmen ist schwieriger, als die Verantwortung für unsere eigene schlechte Stimmung bei einem Dritten zu suchen. Es ist also meist leichter, einen bösen Schuldigen im Außen zu finden: das nervige Kind, das immer „bitzelt", die lästige Schwiegermutter oder der

„Ausländer", der uns den Job weggenommen hat. Schuld sind immer die anderen. Wir sind stets die Guten. Blöd ist nur, dass leider viele so denken, weshalb es dann eine Welt voller Böser zu geben scheint.

Dann gibt es noch die Situationen, in denen wir tatsächlich Stopp sagen und der andere will es partout nicht hören. Das können zum einen traumatische Erlebnisse sein, bei denen Missbrauch im engeren und weiteren Sinn erfolgt. Passiert dies bei einer wenig gravierenden Situation, dann können wir das kompensieren.

Geschieht es jedoch immer wieder, dann wissen wir: Der andere möchte mein Nein nicht wahrnehmen. Es handelt sich also um einen Übergriff, bei dem unsere Meinung nicht berücksichtigt wird. Deshalb werden wir hoffentlich wütend auf den anderen, damit wir die Kraft und Energie haben, unsere Grenzen zu wahren.

Als Kind habe ich einmal ein Bild gemalt, ein Haus mit ganz vielen Hasen darin, die dort wohnten. Ich habe tagelang an dieser Zeichnung gearbeitet, und ganz am Schluss ist mir ein Teil der Zeichnung eingerissen. Ich war total unglücklich, da mein Kunstwerk zerstört war. Meine Mutter meinte: „Das ist doch nicht so schlimm, das kann man kleben." Und da wurde ich so richtig wütend. Das war nicht schlimm? Das war total schlimm für mich! Meine Zeichnung, an der ich tagelang gesessen hatte, war kaputt! Und selbst, wenn man sie wieder geklebt hätte, würde sie nie wieder so sein, wie sie gewesen war.

Meine Mutter meinte es gut und klebte sie gegen meinen Willen mit Klebeband. Das hat mich so wütend gemacht, dass ich die Zeichnung zusammengeknüllt und in den Müll geschmissen habe. Es war doch gut gemeint von ihr, oder? Das mag sein, doch ich hatte Nein gesagt, wollte meinen Schmerz ausleben und dann selbst entscheiden, wie ich weitermachen möchte. So sehr hat mich das berührt, dass ich mich jetzt, 33 Jahre später, noch daran erinnern kann.

Ich glaube nicht, dass ich mehr emotional berührt werde als andere Menschen auch. Ich habe allerdings wieder gelernt, meinen Gefühlen dankbar dafür zu sein, dass sie mir als Seismograph für meine Bedürfnisse dienen.

WUT, TROTZ UND TRAURIGKEIT

In der gewaltfreien Kommunikation gehe ich davon aus, dass sich hinter Wut und Aggression Trauer verbirgt. Ich weiß, dass Menschen über eine Sache wütend sind, und sobald sie erkennen, was sie gerne anders gehabt hätten, erkennen sie, dass sie traurig sind. Traurig darüber, dass die Realität anders ist, als sie sie gerne hätten.

In dem Beispiel mit meiner Zeichnung war ich wahnsinnig wütend auf meine Mutter, weil sie meinen Schmerz nicht sehen konnte. Ich hätte mir gewünscht, dass sie mich einfach in den Arm nimmt und mich meine Traurigkeit ausweinen lässt. Dann hätte ich sie wahrscheinlich gebeten, dass sie das Bild mit mir klebt.

Wir haben wohl alle mindestens ein solches Erlebnis in der Kindheit gehabt, das wir – meist fein säuberlich – ganz hinten in unserem Gedächtnis abgelegt haben. Doch in vielen ähnlichen Situationen kommt es wieder zum Vorschein, sofern wir uns dieser Episode nicht sowieso bewusst sind. Zum Beispiel wenn wir unsere Traurigkeit nicht mehr vor anderen Menschen zeigen, weil wir gelernt haben, dass diese nicht damit umgehen können.

Eine andere Situation, in der wir wütend werden, entsteht, wenn wir als Kind die sogenannte „**Trotzphase**" erleben. Dass diese existiert, ist eine revolutionäre Entwicklung bei jedem Menschen: Das Kind entwickelt die Fähigkeit, sich eine Zukunft vorzustellen. Und ist dann ordentlich enttäuscht, wenn die Realität anders aussieht. Dieser Trotz, diese Wut ist eine Enttäuschung darüber, dass ein Kind anders will. Und es will nicht nur anders, sondern dieses Zukunftsbild ist innerlich so fest ein Teil vom Kind selbst, dass da permanent und massiv eine Grenze überschritten wird.

Die Wut, die in solchen Lebenssituationen und -phasen in uns lebendig wird, hat die Möglichkeit, ganz Vieles zu verändern, damit die Realität doch noch so wird, wie wir sie haben möchten. Mich macht es beispielsweise unsagbar wütend und auch traurig, wenn ich sehe, dass Kinder unfreundlich oder erniedrigend behandelt werden. Das verleiht mir die

Energie, mich abends und nachts hinzusetzen und dieses Buch weiterzuschreiben. Wäre es mir gleichgültig, würde ich wohl vor dem Fernseher sitzen, in der Badewanne liegen oder bereits schlafen.

Wenn wir nun die guten Gründe für die eigene oder fremde Wut erkennen können, dann braucht es „nur noch" einen Weg, gut mit ihr umgehen zu können. Es ist dabei einerseits wichtig, einen guten Kanal zu finden, um den ersten Wutschwall loszuwerden. Sei dies durch gewaltfreies Schimpfen oder durch einen körperlich vertretbaren Weg, um mit dieser Wut umzugehen.

Ich persönlich bin jemand, der in solchen Situationen dringend etwas schmeißen muss: Früher, im unreflektiertem Anfangszustand, war es oft mein Handy, das ich als Erstes in der Hand hatte, wenn mir mein Mann sagte, dass er später nach Hause käme als geplant. Mit der Zeit wurde diese Form der Aggressivität etwas teuer. Dann hatte ich ein Polster, auf das ich gut einschlagen konnte. In dieser Phase habe ich mir wie ein Mantra vorgesagt: „Das geht so nicht. Ich schaffe das nicht!"

Und dann kam die Wende, wo ich mir überlegte, was ich ändern könnte, damit es für mich leichter und meine Wut sich in eine produktive Energie umwandeln würde. Meine beruhigende Erkenntnis war damals, von meinen hohen Ansprüchen an mich als Mutter herabzusteigen. Unsere Wohnung musste nicht täglich perfekt aufgeräumt sein und ich erleichterte mir im Sommer das Leben, indem ich abends so lange mit den Kindern unterwegs war – im Park oder am Wasser picknicken –, dass ich danach zwei schlafende Kinder ins Bett tragen konnte.

Hilfreich ist es zu merken, wo sich die Wut in unserem Körper zu sammeln beginnt.

- Kriegen wir einen Knoten im Hals,
- krampft sich der Magen zusammen,
- kribbeln die Füße,
- wollen unsere Hände jemandem an die Gurgel
- oder haben wir den Eindruck, keine Luft mehr zu bekommen?

Wenn wir wissen, wo unsere Wut sich langsam zusammenbraut, können wir Stopp zu der Handlung sagen, die gerade über unsere Grenzen geht.

WUT BEGEGNEN

Nach den vier Schritten der gewaltfreien Kommunikation frage ich mich nach der Phase des akzeptablen Auslebens der Wut, was gerade der Auslöser derselben war:

- Was habe ich gehört, gesehen, gespürt, gerochen, das mich wütend macht?
- Welches Bedürfnis schreit da ganz laut „Stopp! So kann es nicht gehen"?

In einer Situation, in der ich von meinen Gefühlen überrollt werde, ist es meist nicht möglich, logisch und ruhig zu denken. Daher ist es notwendig, einen Weg zu finden, wie ich wieder gut zu mir kommen kann.

Das muss keine stundenlange Yogaübung sein, oft reicht eine kurze Ortsveränderung (selbst so etwas Einfaches, wie aufs Klo zu gehen) oder ein Schluck Wasser, um sich anders zu spüren. Oder eine lautes „Ah" oder „Urg" von sich zu geben.

Sobald der erste Wutschwall draußen ist – ich gehe jetzt von Situationen aus, bei denen keine Gefahr in Verzug ist –, kann ich mich fragen:

Was brauche ich? Als Antwort entsteht eine Beschreibung dessen, was gerade fehlt:

- Vertrauen,
- Ruhe,
- Gehört werden,
- Pünktlichkeit,
- Sicherheit ...

Als Nächstes stelle ich mir die Frage:

Was kann ich tun, damit ich mehr von meinem fehlenden Bedürfnis bekomme? Oft ist bei Wut ein nochmaliges Aufzeigen meiner Grenze wichtig, wenn ich z.B. Ruhe brauche oder mir mein Zeitmanagement wichtig ist.

Ich kann demjenigen, der die Wut in mir ausgelöst hat, nochmals klar sagen, was mir wichtig ist. Vorzugsweise in einer Art und einem Tonfall, die er gut nehmen kann.

Mit der Grundannahme, dass jeder nach seinem besten Wissen handelt und keiner etwas tut, um mich bewusst zu ärgern, kann ich mein Anliegen freundlich und liebevoll dem anderen mitteilen. Mit der Weihnachtsmann-Energie kann ich ihm das Geschenk in die Hände legen, mit der der andere mein Leben bereichern kann. Und wir können gemeinsam nach einem Weg suchen, der sich gut für beide Seiten anfühlt und machbar ist.

Das ist wichtig, denn genau wie es den Tränensee gibt, existiert wohl auch ein „Wutsee" oder vielleicht eher eine Wutfaust, die immer größer und größer wird, je mehr Wut sich in uns aufstaut. Und wenn es dann auch nur einen kleinen Anlass gibt, nutzt diese Wutfaust die Gelegenheit, um den ganzen angestauten Frust zu entladen. Oft ist diese Aggression sehr gut getarnt in Handlungen, die wir gegen uns selbst richten (diverse Süchte) oder in destruktiven Aktionen anderen gegenüber (böses Tratschen, gezieltes Streuen von Informationen, die als unsere Unterstützung wirken).

Es gibt allerdings auch Momente, in denen wir die Grenzen unserer Kinder überschreiten und ihre Wut aushalten müssen, um sie am Leben zu erhalten, etwa wenn sie krank sind und ärztliche Hilfe benötigen, die nicht immer angenehm ist. Gerade dann ist es wichtig, sie zumindest mit Worten zu begleiten, ihre Gefühlsäußerungen nicht herunterzuspielen oder zu übergehen, sondern ihnen zumindest zu zeigen: Ich habe dich in deiner Wut und deinem Schmerz gehört. Dazu später noch mehr.

DAS ALLERBESTE IST NICHT GUT GENUG?

In den Medien wird in letzter Zeit immer mehr von Kindern gesprochen, die so voller Energie sind, dass sie ohne Medikamente anscheinend nicht mehr zu bändigen sind. ADHS ist die Diagnose unserer Zeit.

Vielleicht ist es ein hausgemachtes Problem, denn im Regelkindergarten und der Schule können Kinder ihre Interessen großteils nicht nach

Wunsch ausleben. Ich möchte hier allerdings vor allem auf eine andere Perspektive eingehen, nämlich auf die der Eltern.

Wie geht es uns damit, wenn wir erfahren: So wie unser Kind ist, ist es nicht o.k. Unser allerliebstes Kind, „unser eigen Fleisch und Blut" wird nicht als wundervoll angesehen, sondern als lästig und störend! Wo wir unser Allerbestes geben, scheint es nicht auszureichen. Wir haben versagt, und unser Kind zeigt uns dies jetzt.

So fühlt sich diese Rückmeldung jedenfalls für viele Eltern an. Oft werden sie von anderen Familien geschnitten und an den Rand gedrängt. Denn so ein wildes Kind will keiner zu sich einladen und es will auch niemand sein eigenes Kind in die sprichwörtliche Höhle des Löwen schicken.

Ich durfte so eine ähnliche Erfahrung bei uns im Reitstall mit unserem Pferd machen: Ich bekam zu spüren, wie es ist, wenn jemand, den du als wundervoll und vollkommen ansiehst, zum Problem wird.

Charly, unser Hengst, kam mit zwei Stuten gemeinsam zu zwei weiteren Stuten. Er wurde zum Herdenführer. Diese Situation machte ihm mächtig Stress, da er sich gerne in Gruppen einfügt und diese nicht führen möchte. Zugleich schien er sich mehr zu den beiden neuen Stuten hingezogen zu fühlen.

Er war total außer sich, schlug nach den beiden neuen Stuten und ließ seine beiden „alten" Stuten auch keinen Kontakt mit den neuen aufnehmen. Ich merkte, wie mich diese Situation mit der Zeit unsicher machte. Ich hatte die Sorge, dass Charly vielleicht nicht in dieser Gruppe bleiben könne. Ich bemühte mich, wie ich nur konnte, doch Charly blieb stur und ich verkrampft.

Erst als ich mich einmal in Ruhe hinsetzte, um zu spüren, was mit mir und auch mit Charly los war, konnte ich meine Unruhe auflösen: Ich sah, dass mein geliebtes Pferd nicht als angenehm wahrgenommen wurde. Ich merkte, dass ich versucht hatte, jedem mit allen Mitteln zu zeigen, dass er doch wundervoll war.

Sobald mir mein Bedürfnis bewusst war, konnte ich es ziehen lassen. Ich sah mein Pferd als wundervoll an, und ich war nicht für sein Verhalten verantwortlich. Und schon gar nicht war ich schuld daran, dass Charly sich so verhielt, wie er sich verhielt. Als ich mir das klar gemacht hatte, konnte ich Charly, der so voller Energie und auch Wut war, anschauen: Ich sah jetzt, dass er zum zweiten Mal in einem Jahr aus seiner Herde herausgerissen worden war; dass er sich nicht auskannte und nun plötzlich den Chef spielen sollte; dass er plötzlich von lauter Stuten umringt war und sich zerrissen fühlte. Und dass ihm das alles zu viel war und er seine Zeit brauchte, um sein Leben wieder in Ruhe auf die Reihe zu bekommen.

Mir wurde klar, dass er mein Vertrauen und meine Liebe brauchte, die ihn hielten. Er brauchte mich, die ihn weiterhin „schön" sah und genauso mochte, wie er war. Und so konnte ich mich richtig darüber freuen, dass er bockte und nicht einfach alles mit sich geschehen ließ.

Einige Tage später hatte er sich von den Veränderungen erholt und begann friedlich mit seinen Stuten auf der Weide zu stehen.

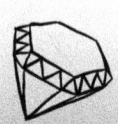

Fragen und Empfehlungen für den Alltag

- Welche Erfahrungen habe ich selbst mit Wut und Aggression in meiner Kindheit gemacht? Durfte ich meine Wut ausleben?
- Wie geht es mir, wenn heute jemand in meiner Nähe wütend ist?
- Kann ich das aushalten?
- Oder beneide ich den anderen um diesen Gefühlsschwall?
- Oder bekomme ich Angst?
- Wie kann ich authentisch sein und zugleich dem anderen Raum geben für seins?

Im Gespräch kann ich äußern:
- „Wenn du ..., dann bin ich jetzt irritiert, überfordert, unsicher, wütend, ..., weil ich ...."
- „Das erinnert mich an ... ."
- „Damals hätte ich ... gebraucht."

Und eine abschließende Bitte an mich selbst:
- „Kann ich ...?"

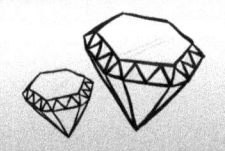

Es ist wichtig, die Wut des anderen willkommen zu heißen.

Dazu kann ich auch mich selbst fragen:

- Was macht den anderen gerade wütend?
- Wie kann ich ihn unterstützen, damit diese ganze Energie gut fließen kann?
- Wie kann ich mit Worten begleiten und gleichzeitig diese Energie erhalten?
- Woran merke ich, dass der andere in die Traurigkeit kommt?
- Was hätte er gerne anders?
- Welchen Weg kann er dafür gehen?

Es ist zudem wichtig, die eigene Wut willkommen zu heißen.

Dazu kann ich mich fragen:

- Wie und wo merke ich, dass ich wütend werde?
- Wie kann ich mir eine Pause verschaffen, um erst einmal zu mir zu kommen?

Und um mir anschließend zu überlegen:

- Was hat diese Wut ganz konkret ausgelöst?
- Was ist mir so wichtig, dass es solche Energien in mir auslöst?
- Was kann ich dafür tun, damit es mir wieder gutgeht?
- Welche Traurigkeit ist hinter meiner Wut versteckt?

Meine Ideen:

GEWALTFREI SCHIMPFEN

Ein wesentlicher Teil von Friedensarbeit mit sich selbst ist, authentisch zu sein. Dazu gehört es auch, seiner Wut einen Weg zu zeigen, wie sie sich gut entladen kann. Um möglichst rasch wieder oder weiterhin in Frieden zu bleiben, ist es gut, dieser Wut schnell ihren Raum zu geben.

Oft sind wir wütend und unser „Knopfdrücker", also derjenige, der die Wut bei uns ausgelöst hat, ist direkt anwesend. Bei mir sind das häufig meine Kinder. Also muss ich mich fragen:

Wie kann ich authentisch bei mir sein, wütend sein und zugleich meine Kinder möglichst wenig verletzen?

Wichtig ist vorab, sich auch hier wieder bewusst zu sein, dass kein Kind jemals jemand anderen verletzen möchte, schon gar nicht seine Eltern oder Bezugspersonen, denn es ist ja in gewisser Weise von ihnen abhängig.

SICH LUFT MACHEN

Unsere Wut auszudrücken heißt, bei uns zu bleiben und uns über eine Gegebenheit zu ärgern, nicht über die Person selbst. Dieser Mensch ist nur der Auslöser für einen kaputten Teller, für Sorgen, die wir uns gemacht haben oder Ähnliches. Verantwortlich für die Gefühle sind jedoch nur wir.
Wenn ich in Wut bin, dann drücke ich klar aus, wie es mir geht. Meine Stimme ist dabei laut.

Dazu ein Beispiel:

Vielleicht brülle ich Laura an, wenn sie viel zu spät nach Hause gekommen ist: „Wo warst du? Wir hatten ausgemacht, dass du um acht Uhr zu Hause bist, und nun ist es neun Uhr. Ich habe mir solche Sorgen gemacht, da ich nicht wusste, wo du bist. Ich dachte schon, dir ist etwas passiert!"

Dann kommt meist: „Reg dich ab, Mama, ich habe vergessen auf die Uhr zu schauen und war noch bei Lola."

Wenn meine Wut vorbei ist, kann ich in diesem Fall meine Angst sehen, dass Laura etwas zugestoßen sein könnte, sie womöglich in ein fremdes Auto gezerrt wurde. Ich bemerke also: Ich kenne diese Horrorgeschichten, und sie nicht. Es ist mein innerer Film, der da abgelaufen ist, nicht ihrer. Sie hat einen langen Abend bei einer Freundin gehabt und das war's.

Wenn ich meine Wut ausdrücke, dann ist es wichtig, in Ich-Botschaften zu sprechen. Es geht darum, keine Vorwürfe zu machen und keine Unterstellungen vorzunehmen. Ich beschreibe, was ich erlebt habe und wie es mir damit geht.

Wenn ich mir das schon vorher überlegt habe, schaffe ich es vielleicht darüber hinaus noch meine Bedürfnisse auszudrücken. Die Bitte an mich richte ich dann an mich, wenn ich mich wieder beruhigt habe – meist ist es ein Gespräch, das ich dann in Ruhe mit der anderen Person suche.

Wichtig zu wissen ist auch: Der andere hat nichts gutzumachen, wenn jemand wütend ist. Ist beispielsweise ein Nachmittag mit den Kindern im Spaßbad schrecklich verlaufen, dann kann ich mit ihnen besprechen, dass ich so eine Abmachung nicht nochmals so treffen werde und dass das meine Erfahrung ist, die ich gemacht habe. Ich sehe es hier als die Aufgabe von uns Eltern an, dafür zu sorgen, dass die Stimmung möglichst gut ist.

Daher möchte ich es auch nicht haben, dass meine Kinder sich für irgendetwas entschuldigen, denn sie haben niemals schuldhaft gehandelt. Ich selbst habe mich auch nie schuldhaft verhalten, kein Mensch hat das. Wir haben immer nach unserem besten Wissen und Gewissen gehandelt, doch manchmal war das vielleicht dumm und unwissend. Aus diesen Erfahrungen können wir lernen und ich habe noch nicht erlebt, dass ein Kind die gleiche Sache nochmals gemacht hat, wenn es gemerkt hat, dass etwas „völlig daneben" war.

Nach der Wut kann dann auch gut die Erleichterung ihren Platz finden. Als wir einmal Sarah am Strand verloren hatten, war ich zuerst wütend: Auf uns, weil wir nicht aufgepasst hatten, und auf Sarah, die selbstständig herummarschiert ist. Als ich sie dann sah, war ich nur noch erleichtert und kuschelte sie ohne Ende. Ich sehe es nicht als Aufgabe von mir als Mutter, Lektionen zu erteilen. Wir machen alle unsere Erfahrungen und ziehen unsere Lehren daraus, auch eine Dreijährige. Da ist es gut zu wissen, wo man sich geborgen und geschützt fühlen kann.

SO NICHT: DROHEN ALS BESONDERE FORM DER GEWALTVOLLEN KOMMUNIKATION

Drohen ist eine Form von Gewalt und gerade im Verhältnis vom starken, großen Erwachsenen gegenüber dem kleinen, unterstützungsbedürftigen Wesen ist es beziehungsbeeinträchtigend, ja fast beziehungstötend, wenn man versucht, seinen Willen mit aller Gewalt durchzusetzen. Allerdings passiert dies häufig, und oft auf eine subtile Art, bei der die Verantwortung für die Qualität der Beziehung auf das Kind übertragen wird.

Das geschieht etwa bei folgendem Satz:
- „Ich hab' dir doch gesagt, du sollst ..."

Die Verantwortung für die Stimmung und die Beziehung liegt jedoch immer bei uns Erwachsenen, diese kann ein Kind nicht tragen, ohne überlastet zu sein! Kleine Kinder haben stets den Wunsch, das Leben von uns Eltern zu bereichern. Mit der Zeit entwickeln sie mehr und mehr ihren eigenen Willen, und den gilt es zu erhalten und Wege zu finden, dass unser und der Weg des Kindes möglich werden. Wenn das nicht gelingt, dann können das Kind oder ich oder wir beide traurig sein, dass nicht alles möglich ist.

Drohen beginnt übrigens bereits bei Sätzen, die das Wort „sonst" enthalten. Als wäre die einzige logische Konsequenz einer Handlung A, dass B passiert. Sätze wie

- „Komm jetzt weiter, sonst verpassen wir den Zug" oder
- „Mach das jetzt, sonst ist Papa oder Mama traurig"

setzen unheimlich unter Druck. Die Bedürfnisse des Kindes werden so gar nicht gesehen und es geht nur darum, einen einfachen Weg zu finden, wie man als Mutter oder Vater an sein Ziel kommt. Nach 14 Jahren Muttersein kann ich hingegen sagen: Ich bin gut an meine Ziele gekommen, ohne jemals gedroht zu haben. Stattdessen habe ich Folgendes mitgeteilt:

- „Komm jetzt weiter, ich möchte den Zug erwischen." (Das ist doch meist die Realität, oder?)
- Oder: „Mir ist es unangenehm, wenn uns alle Leute im Supermarkt anstarren (oder absichtlich wegschauen), weil du weinst und schreist. Ich kaufe dir jetzt keinen Lutscher. Und es ärgert mich, wenn ich als böse Mutter angesehen werde."

Zugleich merke ich also, dass ich gar kein Thema mit meinem Kind, sondern mit den Mitmenschen um mich herum habe, da sie mir ihre Vorurteile über meine Unfähigkeit zuschicken.

Mit meinen Kindern, die nun das Teenageralter erreichen, sehe ich besonders, dass ein Leben ohne Drohung eine gute Basis ist, um vertrauensvoll miteinander zu reden. Ich kann ihnen ehrlich sagen, wann und vor allem weshalb ich möchte, dass sie zu einer bestimmten Zeit zu Hause sind (und es ist nicht das Jugendschutzgesetz, das mir den Rahmen steckt – das finde ich nämlich zu weit), und wir können darüber sprechen, wie das für sie ist. So können wir zu einer Lösung kommen, die für uns beide passt. Bei den Kleineren geht es um andere Fragen.

Anstelle von „Du ziehst jetzt deine Mütze an, sonst wirst du krank" kann ich formulieren: „Mir ist wichtig, dass ich morgen arbeiten gehen kann, und ich bin in Sorge, dass du dich verkühlst und krank wirst, wenn du ohne Mütze am Spielplatz spielst. Du kannst das entscheiden, und ich bin sicher morgen nicht mit dir zu Hause. Dann musst du mit Papa klären, ob er morgen bei dir bleiben kann oder ob du alleine zu Hause bleiben willst."

Bei solchen Antworten ist es immer wichtig zu schauen, was machbar ist. Eine Möglichkeit anzubieten, die ich nicht durchführen kann oder will, macht überhaupt keinen Sinn. Und gleichzeitig: Es geht hier nicht darum, eine Strafe zu geben, sondern dem Kind mögliche Konsequenzen aufzuzeigen, für die es sich selbst entscheiden kann. Das kann ich in aller Liebe machen. Vielleicht bleibt es trotz fehlender Mütze gesund oder es macht sich mit Papa den Deal aus, dass er morgen zu Hause bleiben kann. Ich jedenfalls habe meine Bedingungen aufgezeigt und bin bei mir geblieben.

Wenn ich das tue, dann übernehme nur ich die Verantwortung für mich, niemals das Kind. So gelingt es mir, meine Kinder nicht als böse, schlimme Kinder zu sehen, sondern als Menschen, die jetzt einfach etwas anderes wollen. Es ist meine Verantwortung, meine Konsequenz aus meinem Handeln, dass das jetzt so ist.

Wenn meine Kinder also etwas machen, das ich nicht will, dann sage ich ihnen klar, was ich brauche, damit es mir gut geht. Ich erkläre, was für mich passt und was nicht.

So können sie gut entscheiden, ob sie etwas machen wollen, das mir Freude macht, oder ob mein Wunsch mit ihrem eigenen Bedürfnis nicht kompatibel ist.

Ein Beispiel hierzu ist die folgende Begebenheit:

Es war einer der ersten feinen Frühlingstage, Lukas saß in der Sandkiste und spielte. Der Sand war schön feucht und es ließen sich herrliche Kugeln damit formen. Noch feiner war es, mit diesen Kugeln zu zielen. Und zwar auf mich. Ich sagte ihm also ganz klar: „Ich merke, dass du schießen möchtest. Ich möchte sauber bleiben. Wenn du mit mir spielen willst, dann können wir gerne gemeinsam etwas bauen. Wenn es dir ums Schießen geht, dann kannst du zum Beispiel versuchen, den Kübel abzuschießen." Lukas konnte abwägen, ob er mit mir in Kontakt sein und spielen wollte oder lieber schießen.

VOM LOBEN UND STRAFEN

Loben und Strafen sind zwei Dinge, die schon in der Erziehung meiner Mutter keinen Platz hatten. Ihre wichtige und richtige Grundannahme war: Wir alle haben immer gute Gründe dafür, so zu handeln, wie wir handeln. Manchmal bedenken wir nicht alle Auswirkungen des Handelns auf die anderen Personen. Dann tut es uns leid, wenn wir jemandem einen Schmerz zugefügt haben. Das ist oft schon schlimm genug mitzuerleben, da braucht es keine Strafe.

Wenn sich zwei meiner Kinder gegenseitig verletzen, dann tröste ich zum einen das Kind, das weint, und erkläre dem anderen Kind, dass das echt wehgetan hat. Zum anderen bedenke ich, dass das Kind, das verletzt hat, einen guten Grund für sein Handeln hat. Meist ist es das Bedürfnis sich zu schützen, weil es geärgert wurde oder die eigene Grenze nicht respektiert wurde.

Wie im folgenden Beispiel:

Als Lukas einmal einen Turm gebaut hatte und Laura daher gekrabbelt kam, um diesen mit der vollen Freude näher zu betrachten, passierte es, dass der Turm umgeschmissen wurde. Lukas war deshalb ganz traurig. Ich tröstete ihn also und Laura erlebte, dass ihre Handlung dazu geführt hatte, dass Lukas traurig war. Diese Situation mit dem Turm gab es öfter, und manchmal wurde Lukas wütend und schrie Laura an oder haute sie, sodass sie weinte. Dann tröstete ich

Laura. Lukas merkte, wie weh er ihr getan hatte, und zusätzlich setzte ich mich mit ihm hin, um zu sehen, was er machen konnte, damit das nicht nochmals so passieren würde.

Wir entwickelten die folgenden Ideen: Er könnte mich rechtzeitig als Unterstützung rufen, wenn ich nicht in der Nähe wäre. Er könnte Laura wegschieben. Und wir vereinbarten in diesem konkreten Fall auch einen klaren Bereich, in den nur er, jedoch nicht Laura durfte. Genauso gab es einen Bereich nur für Laura.

Dieses Prinzip des persönlichen Raumes ist bei uns ein heiliges Gesetz geworden. Jedes unserer sieben Kinder hat einen Bereich für sich, der nur dann von den anderen betreten werden darf, wenn es dieses Kind erlaubt.

Bei kleinen Kindern ist es so, dass sie die Grenzen vielleicht noch nicht selbstständig respektieren. Da sehe ich es als meine Aufgabe an, auf das Wahren der Grenzen zu achten. Das geht gut mit Spielgittern, die als Raumteiler eine Grenze im Zimmer ziehen, sodass beide Kinder ungestört spielen können.

Strafen bewirkt nicht, dass jemand einsieht, dass er verletzt hat. Es bewirkt, dass das Kind sich als schlecht und ungeliebt wahrnimmt. Um diesen Zwiespalt zwischen der eigenen Überzeugung, wundervoll zu sein, und der Meinung von außen, schlecht zu sein, zu überbrücken, gibt es mehrere Möglichkeiten:

- Erstens, das bestrafte Verhalten wird beibehalten und das Kind versucht es zu verbergen (oft, weil keine Alternative gesehen wird, für sein Bedürfnis zu sorgen).
- Oder zweitens, aus Angst vor der Strafe wird das Verhalten nicht mehr gemacht, doch die Beziehung zwischen dem Strafenden und dem bestraften Kind ist verletzt, denn der strafende Erwachsene vertraut dem Kind nicht, dass es aus guten Gründen so gehandelt hat.

Strafen bedeutet, dass die Person in ihren Bedürfnissen nicht gesehen wird und entweder lernt, (weiterhin) für sich selbst zu sorgen und nicht darauf vertraut, dass sie sich ehrlich mitteilen kann und ihr geglaubt wird; oder sich von seinen Bedürfnissen abtrennt und teilweise Ersatzbefriedigungen sucht oder sich viele nicht wahrgenommene Bedürfnisse aufstauen.

Ein Beispiel dafür ist mir noch gut in Erinnerung:

Einmal hat Benjamin aus einer Lade bei Freunden 100 Euro genommen und gesagt, dass er diese gefunden habe. Hier hätte ich strafen können für das unrechte Verhalten. Das war jedoch nicht mein Anliegen. Ich fragte ihn, warum er das Geld genommen habe. Sein Grund war, dass er sich Bausteine kaufen wollte.

Als dann klar war, dass er das Geld nicht gefunden hat, habe ich ihm erzählt, wie es mir damit ging. Ich sagte ihm, dass ich seinen Wunsch nach viel Geld gehört habe und nach einem ganz speziellen Spielzeug (er war damals fünf Jahre alt). Gemeinsam haben wir überlegt, weshalb er diese Bausteine haben möchte, was das Feine daran ist.

Als „Bedürfnis dahinter" kam dann der Wunsch zutage, mit einem speziellen Kind zu spielen, das Bausteine gerne hat. Daraufhin haben wir beschlossen, dieses Kind einzuladen und mit ihm eine Wanderung zu Benjamins Lager zu machen, um vielleicht auch ohne Bausteine einen schönen Nachmittag zu verbringen.

Loben ist für mich die Kehrseite des Strafens. Dabei wird das Verhalten des Kindes nur dann bestärkt, wenn es dem Lobenden lieb und angenehm ist. Er selbst ist im Mittelpunkt – und nicht das Kind. Ob es dem Kind Freude macht, Klavier zu spielen oder eine Zeichnung zu malen, steht nicht im Vordergrund, sondern nur, ob es für den Betrachter passt, ob es ihm gefällt.

So war dies übrigens in meiner Schullaufbahn und so ist es noch für die meisten Kinder. Für mich bedeutete das damals: Ich machte, was die anderen von mir wollten und wäre fast aus dem Fluss meines Lebens ausgestiegen, weil ich zu sehr auf die Kommentare und weniger auf meine eigenen Bedürfnisse hörte. Zum Glück gab und gibt es in mir einen guten Hüter, der mich so lange piekst und sticht, bis ich merke, was mein Bedürfnis ist und welcher Weg der ist, der mich gut weiterführt. Den wünsche ich auch Ihnen.

KONSEQUENT SEIN

Wenn Kinder mir etwas zeigen – sei dies ein Bild, das sie gemalt haben, oder eine künstlerische Darbietung wie Radfahren, einen Tanz oder Ähnliches –, dann beschreibe ich, was ich dabei wahrnehme.

Ich sehe, dass sie mit nur einer Hand Rad fahren, und staune darüber; ich betrachte ihre Choreografie beim Tanzen mit schwierigen Sprüngen oder ein Bild, das ganz bunt ist. Und ich kann sagen, ob MIR das gefällt oder nicht, ich kann allerdings kein allgemeines Statement abgeben, ob dies ein schönes Bild ist, womöglich noch im Gegensatz zu einem anderen Bild eines anderen Kindes.

Oft frage ich deshalb die Frage zurück:
„Gefällt dir das Bild?" Oder: „Freut es dich, dass du einhändig Radfahren kannst?"

Das Bedürfnis bei Kindern ist nicht das nach einem Urteil von uns, sondern das Bedürfnis nach Gesehenwerden und nach Wertschätzung. Vor allem kleinen Kindern, die uns Eltern noch wirklich brauchen, ist das Bedürfnis nach einer guten Beziehung zu uns Eltern wichtiger als alles andere auf der Welt. Um diese Beziehung aufrecht zu erhalten, verbiegen sie sich. Sie machen Sachen, damit wir sehen, wie lieb sie uns haben.

Das tun sie, egal wie das Verhältnis zu den Eltern ist. Hier gibt es nur einen feinen Unterschied, eine wesentliche Frage:

- Mache ich Sachen für jemanden, obwohl ich mir seiner Liebe sicher bin und weil es mir ein Bedürfnis ist, ihn zu unterstützen?
- Oder tue ich etwas, um die Liebe einer Person zu bekommen und bin mir unsicher, ob ich diese Liebe überhaupt verdiene?

In dieser zweiten Haltung malen Kinder ihre Bilder für uns, gehen für uns in den Kindergarten oder alleine zu Freunden, obwohl sie sich selbst noch nicht reif dafür halten. Sie überschreiten dann ihre eigenen Grenzen. Für uns. Damit wir sie loben und sie sehen – damit wir ihr allererstes Bedürfnis nach Beziehung erfüllen.

Auf Spielplätzen erlebe ich immer wieder Situationen, wo Kinder nicht das machen, was ihre Mütter von ihnen wollen. Diese Mütter sind dann verärgert und schicken ihre Kinder weg. Nach einer Weile kommen die Kinder und sagen: „Wenn ich dir ein Bussi gebe, hast du mich dann wieder lieb?" – Wie ist es, wenn ich als Bestechung geküsst werde, und nicht, weil mich mein Kind wirklich küssen möchte? Was gebe ich ihm mit solch einem „Deal" für seinen weiteren Weg mit? (Vielleicht: Wenn ich mit dir ins Bett springe, dann ist alles wieder gut?)

Kinder haben eine sehr feine Antenne und spüren schnell, was wir gerne hätten, ohne dass wir es aussprechen. In Zeiten, in denen es bei uns zu Hause dicht war, war ich oft froh, wenn die Kinder nachmittags nicht zu Hause, sondern bei Freunden waren.

Auch Sarah mit ihren drei Jahren wollte – so behauptete sie – unbedingt zu einem Freund und kam nach dem Kindergarten nicht nach Hause. Doch sie erfüllte dabei nicht ihr Bedürfnis, sondern meines. Klar wollte sie gerne noch weiterspielen, allerdings wollte sie auch bei mir sein, in meiner Nähe und mit Geborgenheit von zu Hause.

Da ich sie vor die Wahl stellte, bei mir oder mit einem Freund zu sein, und sie zugleich auch wusste, wie gerne ich noch zwei Stunden mit nur einem Kind hätte, entschied sie sich oft für den Freund.

Als ich sie dann am Nachmittag abholte, erlebte ich die Erschöpfung, weil sie über ihre Grenze gegangen war. Sie war grantig und müde, nichts hatte gepasst, und sie tobte und weinte ganz viel. Bald war mir klar, dass die Anspannung und Erschöpfung zutage trat und diese nun Raum brauchte.

An Tagen, an denen es nicht anders möglich war, plante ich nach dem Abholen eine Zeit ein, in der ich nur für Sarah da war und sie in ihrer Überforderung so annahm, wie sie war. Und zugleich versuchte ich, diese überfordernde Situation für sie zu minimieren.

Es gilt also immer gut zu schauen: Was will ich, was will mein Kind?

Im Zweifel habe ich immer ganz klar angesprochen, was bei mir gerade los ist, um dem Kind zumindest die Verantwortung für die Entscheidung und seine Überforderung abzunehmen und sie selbst anzunehmen.

Ein Wort, das nun in Mode gekommen ist und leider falsch verwendet wird, ist das Wort **„Konsequenz"**. Eine Konsequenz ist eine logische Schlussfolgerung.

- Wenn ich hinfalle und mir das Bein aufschlage, dann blute ich und habe Schmerzen.
- Wenn ich mit einer Freundin zu lange spreche, dann kann ich den Bus verpassen.
- Wenn ich mein Taschengeld für Süßigkeiten ausgebe, dann ist dieses Geld weg.

Diese Logik braucht zum einen Zeit zum Lernen und Verstehen, zum anderen gibt es immer unendlich viele Konsequenzen, die möglich sind. Wir müssen im Leben nichts, außer sterben.

Oft werden von Erwachsenen neuerdings statt Strafen Konsequenzen überlegt. Das geschieht vor allem in der Alternativschulszene, denn da sind Strafen höchst verpönt. Doch diese Konsequenzen sind an sich Strafen, mit dem einen Unterschied, dass sie (womöglich) mit der Handlung in Verbindung stehen.

Ein Beispiel dazu:

Meine Kinder blödeln in der Früh herum und kommen zu spät aus dem Haus. So werden sie den Zug verpassen und zu spät zur Schule kommen. Sehe ich nun diese strafende Konsequenz, dann kann ich ihnen noch erklären: „Ich habe euch hundert Mal gesagt, ihr sollt losmachen. Nun kommt ihr eben zu spät. Das ist eure Konsequenz."

Kommt Benjamin auf die Idee, eine Freundin anzurufen und zu fragen, ob sie ihn mitnehmen kann, würde ich das nun vielleicht gern unterbinden, damit das Leben sie ihre Erfahrungen machen lässt und sie beschämt zu spät kommen.

Ich kann sie jedoch genauso vom Leben lernen lassen, dass es immer mehrere Konsequenzen gibt, zum Beispiel dass man sich dann eben eine andere Möglichkeit suchen kann, doch noch rechtzeitig in die Schule zu kommen. Sie könnten mich fragen, ob ich sie fahre, jemand anderen fragen, gleich ganz auf die Schule verzichten. Da gibt es viele Optionen, und alle sind Konsequenzen ihrer Handlung.

Wenn ich als Begleiter merke, dass ich meine Kinder eine harte Konsequenz erfahren lassen möchte, dann darf ich zu mir ins Innere schauen.

- Was ist es, das mich ärgert?
- Möchte ich sie selbst früher aus dem Haus haben?
- Hätte ich gerne die Freiheiten, die sie haben?
- Habe ich Sorge, dass sie so nicht gut durchs Leben kommen?
- Habe ich nicht den Schneid, jemand anderen um Hilfe zu bitten?
- Ist es mir peinlich, was die andere Mutter denken könnte, wenn ich es nicht schaffe, meine Kinder rechtzeitig aus dem Haus zu bringen?
- Ist es vielleicht schöner zu Hause als in der Schule?

Mit diesen Überlegungen bin ich herzlich eingeladen, mir meine eigene Geschichte anzusehen, um den Kindern dann sagen zu können, was mich bewegt, anstatt eine offizielle Konsequenz erfinden zu müssen.

Fragen und Empfehlungen für den Alltag

- Was macht mich wütend?
- Wofür möchte ich am liebsten meinen Kindern, meinem Partner, jemand anderem die Verantwortung geben, weil ich sie nicht tragen möchte?
- Was will ich eigentlich wirklich?
- Und worüber bin ich enttäuscht, dass es jetzt anders ist?
- Wie kann ich dieser Wut und Trauer Raum geben?

Ich kann innerlich folgende Sätze vervollständigen:

„Ich bin so ...."

„Ich hätte so gerne ...., doch jetzt ist es

...."

„Das macht mich so ...."
(Diesen letzten Satz kann ich gut laut und stark hinausbrüllen.)

Ich kann versuchen, Sätze zu ersetzen:

Statt der Drohung: „Wenn du jetzt nicht ...., dann ...., ",
passt besser:

„Ich will .... und deshalb
entscheide ich ...."

Ich kann mich fragen:

- In welcher immer wiederkehrenden Situation werde ich wütend?

  ....

- Was ist es genau, das mich wütend macht?

  ....

- Gibt es eine Möglichkeit, im Vorfeld diese Situation zu vermeiden (Bitte an mich)?

  ....

- Wenn diese Situation wiederkommt: Was kann ich sagen oder tun, damit es mir gut geht?

  ....

Wenn ich meiner Wut Platz machen möchte, kann ich sagen:

„Ich bin wütend, weil mir .... wichtig ist."

„Und jetzt ist hier ...."

„Ich brauche jetzt ganz dringend .... ,
damit es mir wieder gut geht."

Und ich kann mir überlegen:
- Wann schleicht sich in meine Alltagssprache das Wort „sonst"?
- Was möchte ich haben? Wie kann ich das ganz klar ausdrücken und zu meinem Wunsch stehen?
- Wie kann ich Sachen beschreiben, die mir meine Kinder zeigen?
- Wie kann ich mich über Sachen freuen, indem ich genau beschreibe, was das Gute und Feine ist?
- Wie kann ich meinen Kindern sagen, dass mir etwas nicht passt?
- Was sehe, höre, rieche, fühle oder schmecke ich?
- Wie geht es mir damit und was bräuchte ich?
- Wann möchte ich, dass meine Kinder „Konsequenzen erleben"?
- Was brauche ich?

Meine Ideen:

....

....

....

DEN FRIEDEN UNTER GESCHWISTERN ERHALTEN

Ein gutes Verhältnis zu den eigenen Kindern wünschen sich wohl alle Eltern. An den Anfang möchte ich exemplarisch meine Geschichte stellen:

> Ich bin die Erstgeborene in unserer Familie, meine nachfolgende Schwester erlitt durch die Geburt eine schwerste Behinderung und hat nie bei uns zu Hause gelebt. Ich fragte nach der Geburt viel, wo denn meine Schwester sei. Als Antwort hörte ich nur, dass sie „kaputt" sei. Das war der Versuch meines Vaters, mir als Zweijähriger zu erklären, warum sie nicht bei uns leben könne. Mein nächstes Geschwisterkind wurde bis zur Geburt nicht zum Thema gemacht. Als dann meine Schwester geboren war, war ich eine Woche lang bei meinen Großeltern untergebracht und durfte sie anfangs nur durch Fenster und schließlich nur mit desinfizierten Händen anfassen. Da war also endlich das lang erwartete, tatsächlich vor Ort befindliche Geschwisterchen und – alles drehte sich um sie. Für mich war das damals völlig neu. Mein Zimmer teilte ich ab sofort mit ihr, mit der Zeit auch meine Spielsachen und sogar meine Freundinnen. Dass mir das vielleicht gar nicht passte, danach wurde nicht gefragt, denn ich musste aus der Sicht meiner Eltern unglaublich glücklich sein, dass ich nun eine Schwester habe.

Für Kinder ist es ganz klar, dass das, was die Eltern fühlen, das einzig Richtige ist. Das bedeutet für das Kind: Wenn ich anders fühle, dann stimmt wohl etwas mit mir nicht.

Als Kind habe ich versucht, Wege zu finden, mir mein Eigenes hin und wieder zu erhalten. Wenn ich meine Freundin getroffen habe, dann sollte meine kleine Schwester oft mitspielen, obwohl wir das nicht wollten. Daher haben wir sie so ins Spiel integriert, dass sie möglichst oft weg war: Sie war in unserem Vater-Mutter-Kind-Spiel das Schulkind, das immer in der Schule oder bei anderen zu Besuch war. Auf diese Weise konnte ich in Ruhe spielen, und offiziell spielte meine Schwester ja ohnedies mit uns mit.

Zu einem richtigen Streitthema wurde diese Nähe dann, als meine Schwester in das gleiche Gymnasium kam wie ich. Ich wollte zumindest diese Schule für mich haben und habe ihr verboten, mich in der Schule zu grüßen. Ich fuhr nicht mit ihr gemeinsam in die Schule und wir gingen dort getrennte Wege. Dabei mochte ich sie immer sehr und habe auch gerne außerhalb der Schule meine Zeit mit ihr verbracht. Doch dieser Schmerz, dass mir mein Bereich genommen worden war, brauchte erst seinen Raum.

Zu dieser Zeit habe ich ihr, wenn wir stritten, auch immer gesagt, dass sie sich andere Eltern suchen soll, denn dies seien meine Eltern. Unser jetzt sehr gutes Verhältnis ist leider nicht dadurch zustande gekommen, dass sich unsere Eltern mit uns den Schmerz angesehen haben, sondern dass meine Mutter schwer krank wurde und wir dadurch bemerkten, wie wertvoll und wichtig wir füreinander sind.

Aus dieser eigenen Erfahrung habe ich viel für meine eigene Familie mitgenommen. Ich habe mir vorgenommen, dass meine Kinder ihre Wut und Trauer darüber, dass nun ein jüngeres Kind in unserer Familie ist, ausdrücken können mit dem Ziel, dass sie sich gut verstehen bzw. zumindest keine Eifersucht zwischen ihnen ist. Und ich habe die Erfahrung gemacht, dass es wirklich möglich ist.

GESCHWISTERKIND WERDEN

In der ersten Zeit nach der Geburt des Geschwisterkindes merkt ein Kind, dass da eine neue Beziehung auf es zukommt. Selbst wenn wir dem Kind während der Schwangerschaft noch so oft erzählen, wie sich das Leben verändern wird: Diese Information sprengt die Vorstellungskraft des Kindes. Unsere hat es ja zumeist auch gesprengt. Wir konnten uns auch nicht bis ins kleinste Detail vorstellen, was es heißt Eltern zu sein.

Hier ist ein Vergleich dazu, wie es sich ungefähr anfühlt, wenn wir plötzlich große Schwester oder großer Bruder werden:

Stellen Sie sich vor, Ihr Partner kommt mit einer neuen Frau / einem neuen Mann nach Hause und sagt: „Schatz, es ist so schön mit dir, da dachte ich mir, ich nehme mir noch einen zweiten Partner. Ab nun teilt ihr die Zimmer und mich und wir werden es ganz wunderbar miteinander haben!" Sofern mein Partner kein Scheusal ist und ich deshalb froh bin, wenn er möglichst wenig Zeit mit mir verbringt, freue ich mich wohl absolut nicht über diese Tatsache.

Das klingt jetzt ganz dramatisch, so als ob es am besten wäre, es gäbe nur Einzelkinder.

So ist es jedoch nicht: Ich sehe Geschwister als großes Lernfeld für Kinder, als Stütze und Unterstützung, als Wachstumsbereich und als riesengroße Freude und Verbundenheit. Und dennoch werden Kinder dadurch für eine prägende Zeit ihres Lebens zwangsweise mit anderen Menschen zusammengesteckt.

Es gilt also, eine feine gemeinsame Zeit zu haben.

Wichtig ist für alle Beteiligten nun, in ihren eigenen Gefühlen und Bedürfnissen gesehen zu werden.

Wie geht es dem großen Bruder oder der großen Schwester?

Rund um diese Frage entsteht manchmal große Verwirrung, vor allem bei noch jüngeren großen Geschwistern. Damit nicht genug: Jedes Kind geht mit dieser Veränderung völlig anders um.

Was bedeutete dies bei uns?

Lukas hat sich nach der Geburt fest an meinen Mann geklammert, er hat mich nicht angesehen und mein Mann durfte unsere Laura auch nicht ansehen. Erst, als ich Lukas einmal geschnappt hatte, wir ganz fest gekuschelt haben und er in meinen Armen eingeschlafen ist, konnte ich wieder für ihn und mein Mann für Laura da sein.

Einige Zeit später wurde Benjamin geboren: Laura war nach der Geburt von Benjamin eine große Schwester, die bei allem dabei sein wollte und nach außen sehr stolz auf ihren kleinen Bruder war. Als es dann einmal einen entspannten Nachmittag für mich hätte geben können, nutzte sie dieses Zeitfenster und weinte sich bitterlich aus. Wir saßen sicher eine Stunde im Park, und Laura kuschelte auf meinem Schoß und weinte. Danach waren alle Tränen ausgeweint.

Als dann Moritz geboren wurde, wollte Tim haben, dass dieser kleine Junge wieder zurück in meinen Bauch kommt, und als Moritz' erster Geburtstag vor der Türe stand, sagte er, er solle nicht noch einmal auf die Welt kommen.

Hinter all diesen Handlungen ist Verwirrung, Chaos und Traurigkeit zu sehen. Die Freude kann – so sieht man es am besten am Beispiel von Laura – dann Einzug halten, wenn diese Trauer ihren Raum hatte. Und vielleicht kommt die Trauer nicht nur einmal, sondern öfter. Auch wir ärgern uns ja manchmal mehrfach über Entscheidungen, die wir getroffen haben, oder über Dinge, die passiert sind. Und hier kommt noch etwas hinzu: Nicht die Kinder selbst, sondern wir sind es, die eine massive Veränderung im Leben unserer Kinder entschieden haben.

Wichtig ist es zu versuchen, möglichst schnell wieder einen vertrauten Rahmen für alle zu schaffen. Zum Beispiel durch gemeinsames Essen, gemeinsame Kuscheleinheiten, Vorlesen und Rituale, die es vor der Geburt des Geschwisterkindes auch schon gab.

Dazu muss man sich vor Augen führen: Auch wenn nun ein neues Familienmitglied in der Familie wohnt, bleibt der Erstgeborene für immer und ewig das erste Kind in dieser Familie. Diese Position wird ihm nicht genommen. Auch jedes weitere Kind hat seine ganz bestimmte Stellung im **Familiensystem.**

Ich sehe diese Umstellung nicht als Vom-Thron-Stoßen des Kindes, sondern als eine große Veränderung, für die das größere Geschwisterkind viel Liebe und spezielle Aufmerksamkeit braucht.

Für mich ist es daher immer wichtig, einen Weg zu finden, wie sich alle wieder gut zusammenfügen können und ganz klare Zeiten zu haben, wann ich für wen da bin.

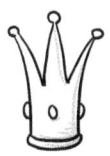

> *Abends, wenn ich die Älteren ins Bett bringe, ist Pause für das Baby. Bedeutsam ist auch Flexibilität: Alle zugleich glücklich zu machen geht nicht immer, und wenn mich gerade ein großes Kind ganz dringend braucht, dann kann auch das Baby in seinem Bett einmal ein wenig ausharren.*

Es geht also um Nähe und Geborgenheit: Nicht nur feste Rituale am Tag geben den Kindern Halt, sondern auch zwischendurch ist es oft fein, schnell kuscheln zu kommen, und dann ist es nicht schön, wenn der Platz gerade besetzt ist. Wenn dies so ist, dann sage ich dem Kind, das warten muss, dass ich ihm Bescheid geben werde, sobald ich Zeit habe.

Das braucht anfangs ein wenig Geduld, bis das Vertrauen da ist, dass bald auch wirklich „seine Zeit" gekommen ist. Sobald ich beispielsweise fertig bin mit dem Stillen und der jüngste Zwerg gut versorgt ist, gehe ich zu dem wartenden Kind und sage, dass ich jetzt Zeit habe.

> *Ganz wichtig ist dabei, dass ich immer zu dem wartenden Kind gehe – auch wenn es gerade spielt oder anders beschäftigt ist. Dieses Kind ist in Warteposition und mir ist es ein Anliegen, ehrlich mit diesem Kind und allen meinen Kindern zu leben. Würde ich jetzt etwas anderes machen, weil das Kind ohnedies beschäftigt ist, wäre meine Ankündigung eine Lüge gewesen. Was würde geschehen? Es könnte nicht darauf vertrauen, dass das, was ich sage, auch passieren wird.*

Dabei muss man beachten: Gleichbehandeln ist unmöglich, da ja auch jedes Kind verschieden ist. Dazu mein Beispiel: Wenn sich eines meiner Kinder beschwert hat, dass etwas unfair ist, so habe ich ihnen immer gezeigt, dass es mir ein Bedürfnis ist, sie in ihrer Individualität zu stärken und nicht ihnen ein Konzept überzustülpen. Besonders wichtig ist mir dabei, dass nicht das ältere Kind nachgeben muss, wenn zwei oder mehr Kinder das Gleiche wollen. Da geht es, wie bei anderen Konflikten auch, darum zu sehen, was jeder gerade für ein Bedürfnis hat und wie jeder seinen Weg finden kann, dieses Bedürfnis zu erfüllen.

Es ist nicht hilfreich, als erwachsener Mensch Schiedsrichter zu spielen und sich anzumaßen zu wissen, wer jetzt was tun muss. Das sieht man auch an Geschwistern im Konflikt. Noch nie haben sie sich für einen solchen Eingriff bedankt.

Es passiert höchstens Folgendes:

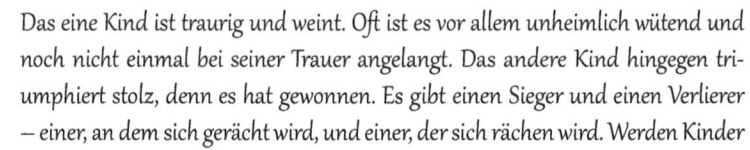

Das eine Kind ist traurig und weint. Oft ist es vor allem unheimlich wütend und noch nicht einmal bei seiner Trauer angelangt. Das andere Kind hingegen triumphiert stolz, denn es hat gewonnen. Es gibt einen Sieger und einen Verlierer – einer, an dem sich gerächt wird, und einer, der sich rächen wird. Werden Kinder hingegen beim Lösen von Konflikten gut begleitet und erfahren sie, dass sich bei der Lösung alle beteiligten Kinder gut fühlen, dann haben sie ein Werkzeug für ihr Leben bekommen, das sie sehr schnell alleine einsetzen können.

Ein Beispiel dazu:

Tim war gerade dabei, langsam darauf zu vertrauen, dass Moritz, gerade 14 Monate, mit ihm spielen und nicht alles zerstören würde. Tim saß bei uns im Garten und baute mit seinen Baggern eine Straße. Moritz kam dazu, erzählte etwas und Tim schrie: „Nein, geh weg." Ich kam zu den beiden und beschrieb ihnen: „Tim baut da gerade eine Straße mit dem Bagger." „Geh weg!", rief Tim. „Und Moritz findet das total toll, was du da machst." Moritz brabbelte wieder und Tim sah ihn an. „Geh weg!" – „Ich glaube, Moritz würde gerne mit dir mitspielen. Gibt es etwas, was er gut machen kann?"

Tim schaute auf und sah sich um. „Er kann da drüben mit dem anderen Bagger fahren." Moritz stand auf, holte sich den anderen Bagger und fuhr seine Runden. „Super, jetzt könnt ihr beide gut spielen!", beendete ich das Gespräch.

Solche kleinen Streits gibt es täglich und nicht immer lösen sie sich so einfach wie im vorhergehenden Beispiel.

Ich erinnere mich dabei an folgende Situation:

Ganz aufgebracht kam Sarah zu mir. Sie wollte mit ihrer Freundin auf dem Trampolin hüpfen, doch Benjamin und Jakob ließen sie nicht. Ich sollte mitkommen. Die zwei Burschen spielten auf dem Gerät, als ich zu ihnen kam. Ich sagte ihnen, dass Sarah und ihre Freundin Lara jetzt auch hüpfen wollten. Benjamin meinte: „Jetzt sind wir dran. Wir haben ganz lange gewartet und dann sind sie weggegangen." „Wir haben nur etwas geholt und euch das auch gesagt, dass wir nachher wieder aufs Trampolin wollen!", rief Sarah. „Pech, jetzt sind wir da", erwiderte Jakob.

Ich begriff die Situation und fasste zusammen. „Also, ihr zwei Mädels habt auf dem Trampolin gespielt und als ihr weggegangen seid, um Sachen zu holen, sind Benjamin und Jakob aufs Trampolin gegangen. Ihr habt es ihnen gesagt, dass ihr nachher wieder aufs Trampolin wollt, und ihr zwei habt das nicht gehört." „Doch, wir haben es schon gehört, doch wir wollen jetzt hüpfen! Wir haben schon so lange gewartet und die sitzen nur da und spielen mit ihren kleinen Hunden. Das können sie woanders auch", sagte Benjamin.

Ich schaute die Mädchen an. „Wie ist denn das für euch?" „Wir wollen aufs Trampolin", riefen beide. „Hm, jetzt weiß ich auch nicht. Ihr beiden wart zuerst da und wollt noch weiter mit den kleinen Hunden auf dem Trampolin spielen. Und ihr zwei wartet schon ganz lange aufs Hüpfen. Beides zusammen geht wohl nicht, da fliegen die Hunde in die Wiese und wir finden sie nicht", beschrieb ich.

Schweigen.

„Euch ist es wichtig, in Ruhe mit den Hunden zu spielen, und ihr beide wollt euch bewegen und hüpfen", berichtete ich weiter die Bedürfnisse. Lara flüsterte Sarah etwas ins Ohr. „Ihr könnt ja auch mit den Hüpfbällen hüpfen oder Longboard fahren gehen", schlug Sarah vor. „Und ihr könnt ja auch im Zimmer mit den Hunden spielen", entgegnete Benjamin.

Ich war etwas genervt, denn ich war mitten in einer Arbeit und wollte wieder zurück. Am liebsten hätte ich alle vier Kinder vom Trampolin geschickt, da sich nun mein Bedürfnis meldete, Moritz' Schlafenszeit gut nutzen zu können.

Stille. Nochmals Stille.

Ich setzte mich hin, damit etwas mehr Ruhe entstünde, vor allem bei mir.

„Komm Jakob, wir gehen Longboard fahren", sagte Benjamin und ging vom Trampolin herunter. Er war sichtlich angefressen. „Du, Benjamin, möchtest du das nun wirklich machen? Du wirkst total grantig", spiegelte ich ihm zurück. „Ja, weil wir da hüpfen wollen. Sie können doch mit den Hunden überall spielen!" „Warum wollt ihr denn mit den Hunden unbedingt auf dem Trampolin spielen?", fragte ich die beiden Mädels. „Die kullern so lustig in die Mitte", erzählten sie.

Jetzt verstanden wir wohl erst alle, weshalb das Trampolin für das Spiel so wichtig war. „Zeig her", forderte Jakob und Sarah ließ einen Hund rollen und purzeln. Alle lachten. Benjamin und Jakob blieben ruhig auf dem Trampolin, sahen den Hunden eine Zeitlang zu und machten auch selbst mit. Dann gingen sie Longboard fahren, nicht ohne sich vorher ausgemacht zu haben, dass Sarah ihnen sagen würde, wenn das Trampolin zum Springen frei wäre.

Im Rückblick betrachtet, denke ich mir: Gut, dass ich mir und den Kindern die Zeit gegeben habe, nicht zu entscheiden. Ich hätte wohl alle zwei Sekunden ein Kind bei mir gehabt, das etwas möchte, und hätte nie ruhig meine Arbeit weitermachen können.

RAUM HABEN UND GEBEN

Im Leben jedes Elternteils kommt wohl der Tag, an dem die Kinder fragen, wen man am liebsten hat. Diese Frage lässt sich nicht beantworten, wenn man davon ausgeht, dass jedes Kind etwas ganz Eigenes und Besonderes hat, wofür man unheimlich dankbar sein kann. Jedes Kind hat seine „Aufgabe" und eine ganz besondere Bedeutung für die Eltern.

Bei uns ist das beispielsweise so:

- Lukas ist derjenige, der mich zur Mutter gemacht hat. Er unterstützt mich, wenn er sieht, dass mir alles zu viel wird, und er liebt es, alleine zu sein und sich zurückzuziehen.
- Laura, mein großes Mädchen, ist diejenige, in der ich mich viel selbst sehe, mit der ich gemeinsam „Mädelssachen" machen kann, eine, die so ganz in ihrem Tanz und Reiten aufgeht und es geschafft hat, aus ihrem Versteck hinter mir auf die Bühne zu tanzen.
- Benjamin hat mir gezeigt, dass eine natürliche Geburt mich auf eine andere Art nochmals zur Mutter werden lässt. Er hat mich gelehrt, dass es nicht auf das "Wie lange?" und „Wie gesund?" im Leben ankommt, sondern auf das „Wie schön!" und „Wie glücklich!".

- Jakob ist derjenige, durch dessen Geburt zu Hause ich ein großes Stück weit ins Vertrauen gekommen bin und mit dem ich mich ohne viele Worte verständigen kann. Er ist mein großer Träumer und hat eine bewundernswerte Fähigkeit, sich Sachen, die ihm wichtig sind, zu merken.
- Sarah ist mein starkes kleines Mädchen, die sich ganz schnell an einem Vormittag entschieden hat, auf die Welt zu kommen. Sie führt mit Liebe und Klarheit das Burschenrudel hier zu Hause und im Kindergarten an und hat eine Gabe, Konflikte zu lösen.
- Tim ist mein kleiner Stern und Ort der Ruhe, der in einer Zeit beschlossen hat, zu uns zu kommen, als es gerade besonders stürmisch war. Er hat sich wohl genau uns als seine Familie ausgesucht, um uns mit seiner Anwesenheit ganz viel Zuversicht und Ruhe zu geben. Nun ist er ein kleiner neugieriger Wirbelwind, der mit seinen lustigen Überlegungen oft alles hinterfragt.
- Moritz erlaubt mir schließlich, Vieles von dem, was ich bei Tim nicht sehen und genießen konnte, nochmals in aller Ruhe zu erleben. Er hat sich einfach zu uns geschummelt und ist mit großer Selbstbestimmtheit da.

Das Leben mit mehr als einem Kind ist ein Eintauchen in eine andere Dimension auch hinsichtlich unserer eigenen Vergangenheit als Geschwisterkind. Wir können hier nochmals auf unsere eigene Kindheitsgeschichte zurückblicken:

- Waren wir die Großen, die immer zurückstecken mussten?
- Waren wir die Kleinen, die nichts durften?
- Oder waren wir die Mittleren, die vielleicht übersehen wurden?

Mit dem Wissen um die Gefühle, die ich selbst hatte, kann ich viel besser in die Situation meiner Kinder zurückkehren. Diese Fragen kann ich mir nämlich zum Beispiel dabei stellen, wenn Entscheidungen anstehen. Etwa ob Kinder gemeinsam in einem Zimmer schlafen sollen; was sie als Geschenk zum Geburtstag bekommen sollen; ob sie gemeinsam in eine Kindergartengruppe gehen sollen. Dafür gibt es keine Patentrezepte, denn zum Glück sind wir ja alle verschieden. Und ich kann mich fragen, wie ich – aus Kindersicht – diese Situation gesehen hätte und darüber mit meinen Kindern ins Gespräch kommen.

VON DER EIFER-SUCHT

„Welches von deinen Kindern hast du am liebsten?", fragen mich öfter Seminarteilnehmerinnen. Und manchmal fragen sie weiter: „Wie geht das? Kann man sieben Kinder gleich lieb haben? Fragen dich deine Kinder auch, wen du am liebsten hast?"

Ich habe meine Kinder alle unbeschreiblich lieb, es gibt keines, das ich mehr oder weniger mag – ich mag nur jedes auf seine besondere Art und Weise. Und das wissen sie auch.

Wenn ich diesen Fragen in Gesprächen nachgehe, dann bemerke ich bei vielen Eltern eine besondere Zuneigung zu einem Kind, die sie sich selbst nicht eingestehen wollen. Denn das wäre ja unfair. Ich denke, dass dieses Hingezogensein aus dem Blick auf die momentanen Handlungen des Kindes resultiert.

Man kann auch bewusst versuchen zu sehen, dass dieses DEIN Kind ist, DEIN Baby, das du vor noch nicht allzu langer Zeit in den Armen gehalten und dir gewünscht hast, es möge ihm nur Gutes widerfahren.

Es gibt Phasen, da sind Kinder besonders herausfordernd, und es gibt Kinder, die schneller auf den eigenen wunden Punkt drücken als andere. Doch sie sind nur Auslöser für unsere alten Geschichten und nicht deren Ursache.

Hier gilt es deshalb wieder klar zu spüren:
- Wo ist meine Grenze? Wie wird diese Grenze gerade überschritten?
- Und: Wie kann ich jetzt Verantwortung dafür übernehmen, dass es mir wieder gutgeht?

Viele Menschen fragen mich auch, ob meine Kinder nicht eifersüchtig aufeinander seien. Natürlich sind sie das manchmal. Ich habe deshalb begonnen zu hinterfragen, was hinter dieser Eifersucht – nach dem großen Suchen mit Eifer – steht. Was brauchen sie? Eifersucht ist beispielsweise dann aktuell, wenn ein Geschwisterkind dazukommt. Was ist dann anders? Oft ist das Leben danach komplett verändert. Ein neues Baby ist da. Der Tagesablauf ist neu, nach dem Baby getaktet.

„Und im Bett schläft plötzlich dieser Zwerg bei MEINER Mama. Manchmal kann sie mich auch gar nicht ins Bett bringen oder in den Kindergarten, weil dieses andere Baby da ist. Und Sachen, die früher ganz allein MEINE waren, sind plötzlich für uns beide da oder ich muss sie abgeben. Meine Kuscheldecke zum Beispiel."

So könnte eine Erzählung aussehen. Kinder, die da so mit Eifer suchen, brauchen ganz viel Sicherheit, dass die Liebe ihrer Eltern nach wie vor auch für sie da ist. Und es braucht weiterhin eine Ausschließlichkeit, das Beibehalten von bestimmten Ritualen.

Dazu mein Beispiel:

Meine zwei jüngsten Kinder vor Moritz habe ich nach seiner Geburt weiterhin abends immer ins Bett gebracht. Wir haben unsere Gute-Nacht-Geschichte gelesen und ich habe sie gekuschelt, bis sie eingeschlafen sind. Auch gewisse Exklusivitäten waren nach wie vor ganz wichtig: Jedes Kind hatte und hat sein eigenes Schlaflied, jedes sein eigenes Tagebuch und sein eigenes Fotoalbum. Für jedes Kind gibt es eigene Geschichten und Besonderheiten, die ich aufgreife. Da wollen sie beispielsweise wissen, mit wie viel Monaten sie den ersten Schritt gemacht haben, was sie als Baby essen wollten oder Ähnliches. So hat jeder sein eigenes Leben mit seinen eigenen Erzählungen.

Fragen für den Alltag

- Wo erinnert mich eine Situation mit meinen Kindern an meine eigene Kindheit?
- Was hätte ich damals gebraucht?
- Und was braucht mein Kind jetzt?
- Oder: Braucht es überhaupt etwas?
- Wann ist mein Kind eifer-süchtig?
- Was sucht es da mit Eifer?
- Wie kann ich es dabei unterstützen, dass es zu dem kommt, was es gerade braucht?

Meine Ideen:

ICH MUSS IM LEBEN NICHTS, AUSSER STERBEN!

Um mit mir in Frieden zu leben, ist es notwendig, mir bewusst zu machen, dass ich jede Handlung aus freien Stücken wähle. Bevor Sie abwinken: Das können wir heute und hier in diesem Land wohl meistens wirklich. Das Gefühl, nicht selbst entscheiden zu können, hält Menschen nicht in Frieden mit sich und ihr innerer Konflikt wird zu einem äußeren.

DEM EIGENEN HERZEN FOLGEN

Entscheidungen fällen wir vielfach täglich. Häufig treffen wir sie nicht bewusst und sind nachher unglücklich, dass unser Leben nicht so läuft, wie wir es uns vorstellen. In fast allen Situationen haben wir mehrere Möglichkeiten zu handeln. Selbst das Nichtstun ist eine klare Entscheidung.

Emmi Pikler hat in ihrem Kinderhaus in Ungarn Säuglinge aufgezogen und dabei viel über den achtsamen Umgang und die Möglichkeit einer liebevollen und wertschätzenden Beziehung beobachtet. Glücklicherweise hat sie ihr Wissen für uns niedergeschrieben. Sie beschreibt, wie sie und ihre Mitarbeiter von Anfang an den Babys mitgeteilt haben, was nun mit ihnen geschehen wird. Anstelle einer schnellen beziehungslosen Routinehandlung ist die Pflege dadurch zu einem Akt der liebevollen Beziehung geworden. Zwei Menschen haben miteinander kommuniziert. Emmi Pikler hat dadurch dem Kind auch die Möglichkeit gegeben, auf die Ankündigungen zu reagieren und „mitzumachen".

Auch ich selbst habe dieses Vorgehen praktiziert.

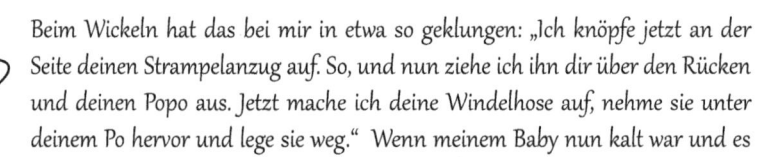

Beim Wickeln hat das bei mir in etwa so geklungen: „Ich knöpfe jetzt an der Seite deinen Strampelanzug auf. So, und nun ziehe ich ihn dir über den Rücken und deinen Popo aus. Jetzt mache ich deine Windelhose auf, nehme sie unter deinem Po hervor und lege sie weg." Wenn meinem Baby nun kalt war und es das Gesicht verzogen hat oder gar zu weinen begann, habe ich gleich auch noch beschrieben, wie es meinem Baby nun ging: „Dir ist jetzt kalt, so ohne Windel und Hose. Und das ist ganz unangenehm für dich. Ich wasche dir nun noch deinen Po mit dem Waschlappen ab, der ist schön warm. Dann gebe ich dir eine frische Windel, die lege ich wieder unter deinen Po." Und so weiter.

Läuft dieses Wickeln immer in einer vertrauten Reihenfolge ab, beginnen die Babys mit der Zeit aktiv mitzumachen.

Mit dem Älterwerden werden die Kinder natürlich aktiver und beginnen sich umzudrehen und spannende Sachen am Wickelplatz zu entdecken. Der Idee des Miteinanders und der Selbstbestimmtheit des Kindes folgend, habe ich mein Baby eben nicht wieder umgedreht und rasch fertig gewickelt, sondern geschaut, was es nun gerade brauchte und was ich brauchte.

Oft habe ich dem Baby die Möglichkeit gegeben nackt zu strampeln und alles zu betrachten. – Ich habe seine Entscheidung respektiert.

Hatte ich allerdings andere Bedürfnisse, etwa, dass ich nun mit meinen Kindern weggehen wollte, dann habe ich das beschrieben und die Verantwortung dafür übernommen, dass ich nun doch schnell weitergewickelt habe.

Die Möglichkeit, sein eigenes Leben zu planen und aktive Schritte zu gehen, beginnt bereits im Säuglingsalter und wir können unsere Kinder dabei unterstützen, selbsttätig zu entscheiden, was ihnen gut tut.

Neugeborene teilen uns durch ihre Stimme und ihre Gestik mit, was ihnen angenehm ist und was nicht. Sie zeigen, wenn sie Schmerzen empfinden, und möchten diese vermeiden. Bereits hier sehe ich eine große Chance für uns Eltern, unsere Kinder auf ihrem Weg in die Selbstständigkeit und Eigenbestimmtheit zu begleiten.

Wie bin ich beispielsweise für mein Baby da, wenn es einen Fersenstich bekommt, um einen Allergie-Test zu machen? Halte ich einfach seinen Fuß fest und sage: „Es ist nicht schlimm"? Oder erkläre ich ihm, was nun passieren wird, und gebe ihm die Zeit zu reagieren?

Bei uns war das beispielsweise ein wichtiges Thema:

Als Benjamin sehr krank war und viele Blutabnahmen über sich ergehen lassen musste, war ein solcher Stich oft das Erste, was er in der Früh erlebt hat. Er war damals fünf Jahre alt und es tat ihm ordentlich weh. Wir haben ihm das immer vorher angekündigt, damit er wusste, was auf ihn zukommt. Meist hat er bereits bei der Ankündigung geweint, weil er nicht noch mehr Schmerzen erleben wollte. Wir haben ihm mit Worten erklärt, weshalb es für ihn und für uns so wichtig ist, seine Blutwerte zu kennen, und haben ihm die Möglichkeit gegeben, sich unsere Gründe bewusst zu machen und sich ganz klar mit uns für diese Maßnahme zu entscheiden.

Da jeder Experte für sich selbst ist, haben wir ihn dabei unterstützt, den Weg zu finden, wie das Unangenehme für ihn am angenehmsten sein kann. Wollte er in seinem Bett bleiben? Lieber aufstehen? Gab es etwas, was er oder wir tun könnten, damit der Schmerz nicht so groß wäre? Benjamin war am wichtigsten, dass er bei der Behandlung zusehen konnte, und er hat sich meist oberhalb des Ellenbogens den Arm selbst festgehalten. Jammernd saß er da und hielt tapfer seinen Arm der Nadel entgegen. Benjamin hat sich mit uns entschieden, dass sein Blut zu Hause abgenommen wird.

Er wusste, dass er länger im Spital bleiben müsste, wenn die Medikamente nicht passend dosiert sind, und auch, dass seine Krankheit sich verschlimmern würde, wenn er zu wenig Medikamente bekäme. Das wollte er alles nicht. Zugleich legte er fest, auf welche Art und Weise die notwendigen Maßnahmen für ihn halbwegs erträglich wären.

Sich zu entscheiden ist, als wenn man an einer Weggabelung steht und sich überlegt, welchen Weg man nun gehen möchte. Da gibt es links und rechts, und auch die Möglichkeit wieder umzudrehen und oft noch viele Wege dazwischen. (Wenn man auf einem Feldweg steht, könnte man ja beispielsweise auch durchs Feld laufen.)

Es geht darum, einen Moment innezuhalten und uns bewusst zu machen, wozu wir in Freude Ja oder Nein sagen können. Dann fühlen wir uns wohl mit der Entscheidung.

Mit Freude Nein zu sagen, ist allerdings in unserer Gesellschaft nicht so bekannt. Nein bedeutet: „Ich will es anders!" Vielleicht gefällt mir dabei sogar ein Teil von dem, was mir als Möglichkeit angeboten wird, jedoch nicht das gesamte Paket. Ich sollte mir in Ruhe ansehen, zu welchem Teil ich Ja sagen könnte und zu welchem Teil ich ganz klar Nein sage.

Dazu ein Beispiel aus meiner Familie:

Meine Kinder wollen oft, dass Freunde von ihnen bei uns schlafen. Oft denke ich, dass mir das zu viel ist, da sie dann meist länger munter sind als ohne zusätzlichen Gast. In der Früh ist es für mich ebenfalls anstrengender, die Kinder aus dem Bett zu bekommen, wenn noch jemand da ist. Daher tendiere ich oft zu einem Nein. Ich erkläre ihnen meine Gründe und meine Bedürfnisse. Mein Nein anzunehmen ist oft schwer für sie, weil es für sie nur gute Begründungen gibt, weshalb sie möchten, dass ihr Freund bei ihnen schläft. Wenn wir uns dann von unseren Bedürfnissen und Lösungsideen erzählen, finden wir einen Weg, wie wir beide Ja sagen können. Beispielsweise, dass Freunde nur dann übernachten, wenn am nächsten Tag keine Schule ist. Oder die Kinder stellen sich einen Wecker und ich kümmere mich nicht um ihre Pünktlichkeit. Oder es ist abends um acht Uhr das Licht aus. Oder sie schlafen bei dem Freund. Oder es gibt noch eine ganz andere Lösung.

Für mich ist es ein großes Zeichen von Stärke und Verbundenheit, seine Entscheidungen auch gut ändern zu können. Das gelingt vor allem dann, wenn man Bedürfnisse und Absichten wirklich gut erkennen kann. Manchmal werden sie ja nicht so klar geäußert.

Um bei meinem Beispiel mit dem Übernachten zu bleiben: Es kann sein, dass meinen Kindern eine gemeinsame Nacht oder ein gemeinsames Abenteuer mit dem Freund so wichtig ist, dass ich erkenne, dass mein Bedürfnis nach Ruhe demgegenüber zurücksteht. Beispielsweise weil der Freund am nächsten Tag für zwei Wochen im Urlaub ist und diese innige Freundschaft und Verbundenheit jetzt noch nicht abreißen soll. Dann kann ich gut und gerne mein Nein in ein Ja verwandeln.

Es geht auch andersherum: Wenn ich erkenne, dass ein Vorhaben gewagter ist, als sie es dargestellt haben, kann ich in voller Liebe aus einem Ja ein Nein machen. In beiden Fällen erkläre ich, weshalb ich meine Meinung jetzt ändere und was für mich das Wesentliche an dieser neuen Entscheidung ist. Dann können wir im Bedarfsfall neu verhandeln.

Herausfordernd werden Situationen, wenn eine Person nicht bereit ist, die Verantwortung für ihre Entscheidung zu übernehmen. Dann haben die anderen angeblich Schuld und sind böse. Wenn man das bei sich selbst bemerkt, dann geht es darum, sich in die Entscheidungssituation zurückzuversetzen. Oder man hat jemanden, der einen daran erinnert.

Ich bin zum Beispiel sehr dankbar dafür, dass mir Sarah in Zeiten von großem Stress mit allen Kindern manchmal sagt: „Das war deine Entscheidung, so viele Kinder zu haben. Ich kann nichts dafür." So unterstützt sie mich gut dabei, die Verantwortung für meine Entscheidungen gut anzunehmen.

Oft treffen wir Entscheidungen nicht aus vollem Herzen.

- Wir schaffen es nicht, einer Person gegenüber Nein zu sagen, obwohl uns danach ist;
- wir werden mit einer Frage überrumpelt und geben zu schnell eine Antwort, die wir nicht wollen;
- wir bereuen eine alte Entscheidung, deren Folgen wir jetzt tragen (müssen).
- Das Gute daran: Ich kann mich wieder neu entscheiden.

Nehmen wir einmal an, es kommt jemand zu Besuch, den wir an und für sich nicht sehen wollen, weil es einen größeren Konflikt zwischen dem Gast und einem von uns gibt. Dann ist es sinnvoll, dieses Thema anzusprechen und die Differenzen zu lösen. Werde ich mit einer Frage überrumpelt, beispielsweise wenn ich gerade telefoniere, dann kann ich klar sagen, dass ich so keine Entscheidungen treffen kann. Ich kann darauf hinweisen, dass ich Zeit brauche, um aufmerksam zuzuhören und um zu verstehen.

ENTSCHEIDUNGEN VON ANDEREN BEGLEITEN

Zum einen sehe ich es als meine Aufgabe, meine Kinder bei ihren Entscheidungen zu begleiten, damit sie aus vollem Herzen Ja oder Nein sagen und auch erleben können, wie es ihnen mit dieser Entscheidung geht. Zum anderen bin ich Teil ihres Lebens und erlebe jene Auswirkungen auch an mir selbst und möchte damit gut klarkommen. So kommt es oft, dass einer von uns wütend wird, weil Entscheidungen getroffen wurden, die die Grenze eines anderen von uns überschreiten. Deshalb ist es gut, hinzusehen, was jeder Einzelne braucht, damit es allen wieder gutgehen kann.

Es gibt jedoch noch eine andere Art von Entscheidungen:

- Solche, die wir einfach weitertragen, auch wenn wir merken, dass sie nicht leicht sind.
- Solche, die wir nicht leicht oder gar nicht rückgängig machen können. Sie entstehen, wenn etwas endgültig ist, auch dann, wenn wir annehmen müssen, dass wir einer anderen Person mit einer Veränderung einen großen Schmerz zufügen würden, was wir verhindern wollen.

Das Problem ist: Wir ärgern uns über uns selbst, da wir nicht den Mut haben, klar anzusprechen, was wir gerne anders hätten. Oft ist es so, dass das Gegenüber heilfroh wäre, wenn wir das Problem thematisieren, da ohnedies eine ungute Stimmung in der Luft liegt oder sich bei der Person die Sachlage gewandelt hat, sie ebenfalls die Entscheidung ändern möchte und sich auch nicht traut, dies zu sagen.

Den anderen in seinen Entscheidungen zu lassen, ist nicht immer einfach. Dafür gibt es auch bei mir viele Beispiele.

Hier eines:

Ich habe eine allerbeste Freundin, Fanny, die mir in schwierigen Zeiten immer sehr zur Seite gestanden hat. Sie hat keine Kinder und auch keinen Partner und ist für mich so etwas wie eine zweite Mama. Eine Oma für meine Kinder.

Nach einem verrückten halben Jahr, in dem eine schreckliche Sache nach der anderen passiert ist und wir als Familie ordentlich durchgerüttelt wurden, schien alles wieder besser zu werden. Fanny und ich saßen eines Nachmittags bei einer Tasse Tee auf der Terrasse, und da erzählte sie mir, es ziehe sie so sehr nach Venezuela, in das Land ihrer Jugendzeit. Ich war völlig von den Socken, da ich gerade überlegte, eine Ausbildung zu machen und dabei darauf gebaut hatte, dass Fanny für die Kinder da sein würde. Ich wälzte so viele Fragen, und jetzt kam diese Entscheidung von Fanny noch dazu.

Ich beschloss, ins Vertrauen zu gehen: Wenn die Ausbildung jetzt sein sollte, dann würde es passen und alles würde sich gut fügen. Ich überließ dem Schicksal, zu entscheiden, und sagte mir: Die Ausbildung mache ich dann, wenn Fanny in Österreich bleibt. Es stand ja noch alles in den Sternen, erst musste Fanny von der Firma, bei der sie sich beworben hatte, angenommen werden ...

Doch schon kurze Zeit später hatte sie ihr Ticket gebucht und war für die nächsten zwei Jahre aus meinem und unseren Leben abgereist. Voller Grant packte ich meine sechs Kinder und machte eine Pause weitab von allem. In diesen zwei Jahren kam dann unser letztes Kind, Moritz, auf die Welt. Es war eine anstrengende Zeit für mich und auch sehr ungewohnt, so Vieles alleine entscheiden und tun zu müssen. Und zugleich gab es auch positive Lerneffekte: Ich lernte, noch mehr auf mich und meine innere Stimme zu hören und mir Orte zu suchen, wo ich gut auftanken konnte.

Ich nahm mir ganz bewusst mit dem Beginn der Schwangerschaft eine „Auszeit", in der ich ausschließlich für die Kinder da war und mir keine Gedanken über meine beruflichen Ideen machte. Nach wie vor bereue ich trotzdem, dass ich nicht klar für meine Wünsche eingestanden bin. Ich hatte die Entscheidung getroffen, Fanny nichts von meinen Plänen zu erzählen. Und dann war ich überrascht, als sie sich für Venezuela entschied.

Oft habe ich sie später für meine Erschöpfung verantwortlich gemacht, weil sie nicht da war und ich alles alleine machen musste. Einiges habe ich daraus klar gelernt: Ich kann Fanny nicht für Sachen verantwortlich machen, für die sie nichts kann. Und ich habe gelernt, für meine sieben Kinder ganz alleine zuständig zu sein, auch in Zeiten, in denen ich dachte, ich kann nicht mehr. Ich habe gelernt, noch ein Stück weit mehr für mich zu sorgen.

Ich habe lange gebraucht, um meine Entscheidungsfreiheit wieder zu entdecken und klarer zu mir und meinen Lieben zu sein. Wundervoll ist es, wenn diese Fähigkeit, Entscheidungen zu treffen, nicht erst wieder neu gelernt werden muss, sondern sie aus der Kindheit beibehalten werden kann. Dazu muss man sich fragen: Wie kann ich mein Kind bei seiner Entscheidungsfindung unterstützen? In erster Linie wohl so, dass ich ihm die Zeit gebe, zu einem Ja oder Nein zu finden, und dann – wohl das Wichtigste – diese Entscheidung auch zu akzeptieren!

Leicht kann ich ein Kind dabei begleiten, wenn es zwischen verschiedenen Eissorten wählen muss. Und kann ich es auch genauso gut unterstützen, bei seinem Nein zu bleiben, wenn es Tante Mitzi partout nicht die Hand geben möchte?

Für mich ist diese Entscheidungsstärke, die mit Selbstvertrauen und Selbstbewusstsein einhergeht, übrigens zudem ein Grundpfeiler der **Suchtprävention**. Bei sich zu bleiben und Nein zu sagen, wenn alle anderen in einer prägenden Lebensphase einen anderen Weg gehen, dazu gehört die Erfahrung, schon oft Nein gesagt zu haben und trotzdem noch geliebt zu werden. Wenn ich weiß, dass ich nicht gemocht werde, weil ich mit den anderen mitmache, sondern weil ich ICH bin, dann kann ich leichter von Alkohol und Drogen Abstand nehmen.

ENTSCHEIDUNGEN BEREUEN

Über den Schmerz, den wir bei anderen auslösen, sind wir oft zutiefst betroffen. Manchmal tut er sogar so weh, dass wir ihn leugnen wollen, damit es uns besser damit geht. Wir reden unser Verhalten schön, wir wälzen die Verantwortung auf jemand anderen ab. Dahinter steht die große Traurigkeit, unsere Mitmenschen verletzt zu haben. Wir können das Geschehene oft nicht mehr rückgängig machen. Vielleicht erklären, und doch ist der andere zutiefst getroffen.

Für mich ist es wichtig, in solchen Situationen mein Bedauern auszudrücken, den anderen im Schmerz zu sehen und auch zu sehen, dass ich der Auslöser dafür war.

Sich zu „entschuldigen" ist für mich nicht passend, da ich nicht davon ausgehe, dass ich absichtlich und böswillig einem anderen Leid zugefügt habe, genauso wenig, wie dieser andere so etwas tun würde. Ich habe aus bester Absicht heraus gehandelt und den anderen dabei verletzt. Das tut mir oft sehr leid. Und das kann ich gerne sagen.

Genauso erlebe ich das auch bei den Kindern. Geht jemand über deren Grenzen, müssen sie diese oft sehr vehement verteidigen, manchmal sogar mit Gewalt, die andere verletzt. Dies passiert jedoch immer aus den vorhandenen Fähigkeiten und nicht mit dem Wunsch, jemandem wirklich wehzutun. Hier ist es wichtig, ihnen andere Möglichkeiten zu zeigen, um ihre Bedürfnisse zu wahren, und sie in ihrem Wunsch zu sehen. Oft sind sie auch sehr bestürzt über die Wirkung ihres Verhaltens, bereuen es und weinen selbst, wenn sie die Grenzen des anderen spürbar überschritten haben.

Dazu ein Beispiel:

Manchmal kann Jakob nicht einschlafen und ich ärgere mich darüber, weil ich Ruhe brauche. Dann kommt erst einmal meine Wut heraus. Anschließend tut es mir unsagbar leid, da Jakob natürlich nichts dafür kann, dass ich müde bin, und auch nicht dafür, dass ich mich für ein volles Leben mit sieben Kindern entschieden habe. Er braucht meine Nähe und zeigt mir das. Dann komme ich zu ihm und sage ihm, dass es mir unendlich leid tut, dass er jetzt meinen ganzen Ärger abbekommen hat. Ich erkläre ihm auch, dass es unfair ist, dass ich meine Erschöpfung an ihm auslasse. Manchmal sagt er dann, dass er das versteht, manchmal meint er, dass er traurig ist, weil er mit mir sein möchte. Dann kuscheln wir eine Runde, bis er gut aufgetankt hat (und ich wahrscheinlich eingeschlafen bin).

VOM DIENEN UND SCHENKEN, ODER: DAS LEBEN WUNDERBAR MACHEN

Eltern zu sein hat für mich etwas Dienendes an sich. Dabei geht es für mich nicht um etwas Abwertendes, sondern um die Bereitschaft, für den anderen etwas gerne und aus vollem Herzen zu machen. Es hat für mich etwas mit Großmut zu tun, mit der Freude, den anderen zu beschenken und ihn ein Stück glücklicher machen zu können. Und diese Freude, macht mir dann wieder eine Freude.

Sobald ich mich entschieden habe, einem Lebewesen Leben zu schenken, beginnt für mich das Dienen: Ich stelle meinen Körper diesem Kind zu Verfügung, damit es in ihm heranwächst, teile mit ihm meine Nahrung, mein Blut mit all seinen Abwehrkräften, meine Wärme und meinen Herzschlag. Und sobald es auf der Welt ist, und ich mich entschieden habe, dass dieses Kind weiter bei mir aufwächst, stelle ich ihm meine Zeit, meine Zuneigung, meine Milch, meine Fürsorge und meine Liebe zur Verfügung. Ich unterstütze es, damit es groß wird und gut heranwächst, mit dem Ziel, dass es immer mehr auf seinen eigenen Beinen steht. Die Voraussetzung dafür: Ich habe mich bewusst dafür entschieden!

Dieses Dienen hat für mich nichts mit Unterwürfigkeit, Abhängigkeit oder einem Machtverhältnis zu tun, sondern mit der Freude für mich, meine Gaben jemandem bereitzustellen.

In diesem Geben liegt für mich viel Nehmen:

- die Freude und das Lächeln, jemandem etwas Gutes zu tun;
- die Nähe und Beziehung, die durch diese Innigkeit entsteht.
- Und genauso auch die Freiheit, das Dienen zu beenden, wenn es über meine Grenzen geht oder der andere es nicht mehr möchte.

Darüber hinaus ist es wunderschön, nicht nur seinen eigenen Kindern zu dienen, sondern sich auch generell im Leben dazu zu entschließen, anderen Menschen und Tieren um einen herum das Leben wunderbar zu machen. Das sind die vielen kleinen Sachen, die das Leben bereichern.

- Ist es, dass ich jemandem die Vorfahrt lasse, bei dem ich den Eindruck habe, er hat es eiliger als ich.
- Ist es, dass ich jemandem helfe, in den Zug einzusteigen oder einer fremden Person einige Euro gebe, da sie ihre EC-Karte vergessen hat.

Am allerschönsten ist es gerade jenen Menschen – oder Tieren – zu dienen, die nicht damit rechnen, die vielleicht schon zu oft Unfreundliches erlebt haben:

- Zwei Stunden seiner Zeit einem Obdachlosen zu schenken und mit ihm zu philosophieren oder seine Geschichte zu hören.
- Dem mürrischen und schimpfenden Einkäufer hinter sich Vortritt zu gewähren.
- Einem fremden Kind, das alle „stört", seine Aufmerksamkeit am Spielplatz zu schenken und eine feine Zeit mit ihm zu verbringen.
- Oder eine in der Wohnung verirrte Wespe wieder ins Freie zu entlassen.

Das Wundervolle für einen selbst dabei ist: Man bekommt viel Freude und Liebe zurück.

Manchmal habe ich den Eindruck, die ganze Freude, die in den vergangenen angestrengten Zeiten nicht aufleben konnte, kommt dann durch diese strahlenden Augen hindurch zu einem. Wie schön wäre es nun, wenn noch viel mehr Menschen von Herzen das geben würden, was andere gerade brauchen, anstelle sich über diese Menschen aufzuregen.

Genauso schön ist es übrigens, nehmen zu können, bedient zu werden und das mit Freude und Dankbarkeit annehmen zu können. Zu nehmen, ohne „in der Schuld" zu stehen, etwas zurückgeben zu müssen, sondern zu wissen: Der andere gibt, weil es für ihn gleichzeitig auch ein Nehmen ist. Das ist für Viele nochmals ein großer Lernschritt, denn einfach zu nehmen, ohne eine aktive Gegenleistung zu geben, haben sie in ihrer Kindheit nicht gelernt oder es wurde ihnen abtrainiert.

So wie ich also meinen Kindern diene, erlebe ich auch das Gegenteil: Ich sehe, wie meine Kinder mir dienen, indem sie mich bei meinen Tätigkeiten unterstützen, indem sie mit der gleichen Liebe den Tisch decken, mit der ich gekocht habe (oder umgekehrt, denn Kochen ist spannender als Tischdecken), oder mir von Herzen etwas schenken.

Aus meiner Montessori-Ausbildung habe ich eine Weisheit mitgenommen, die mich im Leben mit meinen Kindern immer wieder begleitet:

> *Wenn du etwas schenkst, dann gib es von Herzen. Was der andere dann damit macht, kann er entscheiden.*

Anfangs hat mich dieser Satz sehr verwundert, ich habe ihn auch sehr unhöflich gefunden. Doch gebe ich etwas von Herzen, weil es mir ein Bedürfnis ist, dann ist es mein Ziel, mir mein Bedürfnis des Schenkens zu erfüllen.

Gleichzeitig ist es genauso wichtig, auch den Beschenkten zu fragen, ob der dieses Geschenk auch haben möchte. Sich mit jemandem über den Sinn des Lebens zu unterhalten, der dringend ein Quartier für die Nacht braucht, ist vielleicht gut gemeint, und geht dennoch am Bedürfnis des anderen vorbei. Daher gilt auch hier die Entscheidungsfreiheit aller Beteiligten. Vielleicht erfüllt ein zweistündiges Gespräch nicht das Bedürfnis nach einem Dach über dem Kopf. Die Person nimmt es dennoch an, weil sie vielleicht so zu einer Lösung kommt oder einmal ihr Herz ausschütten kann.

> *In diesem Sinne kündige ich meinen Kindern an, was ich als Nächstes vorhabe, um ihnen Gutes zu tun. Sehe ich, dass Moritz sich gerade abmüht, Milch in ein Glas zu schütten, kann ich das beschreiben und ihn fragen, ob er Unterstützung möchte. Manchmal freut er sich darüber, oft möchte er allerdings lernen, es selber zu machen, und dann ist mein Geschenk, dass ich ihn dabei begleite, es selbst zu machen und notfalls die Milch, die danebengegangen ist, wegzuwischen. In Liebe und mit Freude und nicht voller Grant.*

Es ist ganz essentiell, sagen zu können, ob mir eine gutgemeinte Handlung von jemandem wirklich dienlich ist oder nicht. Als Kind, so erinnere ich mich, durfte ich nicht zeigen, dass ich mich über ein Geschenk nicht freute, und war unehrlich zu dem Schenker. Da es mir wichtig ist, dass meine Kinder und ich ehrlich zueinander sind, dürfen sie ihre Enttäuschung über ein falsches Geschenk auch zeigen.

Ein Beispiel aus meiner Familie verdeutlicht das:

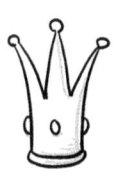

Jakob ist hinsichtlich des Schenkens ganz speziell. Für ihn sind Geschenke nach kürzester Zeit nicht mehr interessant und er schenkt sie gleich weiter. So mussten wir einmal unbedingt zum Feuerwehrfest fahren, um einen echten Feuerwehrhelm zu kaufen, für den er sein ganzes Taschengeld gespart hat. Voller Stolz trug er ihn nach Hause, um ihn am nächsten Tag seinem Freund zu zeigen. Diesem gefiel der Helm auch, und Jakob verkaufte ihn für einen Euro! Ich war sehr erstaunt, doch Jakob hat diese Entscheidung bis heute nicht bereut. Er hat sich ein großes Geschenk gemacht, das er dann genauso groß und gut seinem Freund weitergeben konnte.

Die gleiche Energie des Schenkens ist in der Bitte im Sinne der gewaltfreien Kommunikation enthalten: Ich schenke dir oder mir selber mein geöffnetes Herz und zeige mein aktuelles Bedürfnis. Ich schenke meine Bitte, und was der andere damit macht, bleibt ihm überlassen. Selbstverständlich freue ich mich, wenn mein Geschenk gut angenommen wird. Doch ich habe das gemacht, was für MICH das Passende war, das muss es nicht zwingend für den anderen auch sein.

Und da Ehrlichkeit ein wichtiger Grundpfeiler für mich ist, mache ich meinen Kindern auch nicht vor, dass sie mich unterstützen, wenn ihr Handeln in Wahrheit eine Last für mich ist oder nur ein „so tun als ob".

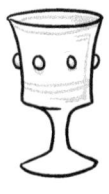

Gerne können meine Kinder mit mir in der Küche beim Kochen Gemüse schneiden oder dann umrühren, wenn nicht allzu viel aus der Schüssel spritzt. Habe ich mehr Arbeit damit als Unterstützung, sage ich ihnen das und wir finden einen Weg, wie wir gut gemeinsam etwas machen können. Falls es den Kindern um das Spielen und um die manuelle Tätigkeit geht und um die Erfahrung, so

viel zu rühren, bis alles überschwappt, was ja eine ganz wichtige und interessante Erkenntnis ist, können sie das gerne im Garten mit Erde oder Matsch oder im Winter in der Badewanne machen. Ist es ihnen jedoch ein Anliegen, mit mir zusammen zu sein, dann gibt es die Möglichkeit, dass wir gemeinsam etwas anderes machen, sei es eine andere Tätigkeit beim Kochen oder vielleicht ein Buch lesen oder sie erzählen mir von ihrem Tag.

Die Basis für dieses Handeln ist, dass ich mich jedes Mal frei dazu entscheide, das zu tun, was ich tun werde. Ich gebe das, was ich aus vollem Herzen und mit großer Freude geben kann, und nicht das, was jemand anderer von mir fordert.

Genauso nehme ich das, was ich mit Freude nehmen kann, und nichts aus Gefälligkeit. Würde ich das tun, ginge ich über meine Grenzen, und dann wären wir wieder beim Kapitel „Wut" angelangt.

Fragen für den Alltag

Wenn ich Entscheidungen getroffen habe, die jetzt nicht mehr meinen Bedürfnissen entsprechen, dann kann ich überlegen:

- Welche Entscheidungen habe ich getroffen, deren Konsequenzen ich jetzt trage?
  ....

- Wie kann ich gut die Verantwortung dafür tragen?
  ....

- Wo wird es mir zu viel?
  ....

- Wie kann ich mir Unterstützung holen?
  ....

Und wenn ich für jemanden da sein möchte oder ihm etwas geben möchte, dann frage ich mich:

- Wo kann ich mich aus vollem Herzen dazu entscheiden zu dienen?
  ....

- Wie sehe ich, ob sich der andere freut?
  ....

- Und woran merke ich, ob es mir gut tut, von Herzen zu geben?
  ....

- Wann werde ich bedient und wann wird mir von Herzen geschenkt?
  ....

- Wie geht es mir damit?
  ....

- Wie geht es mir damit, wenn ich etwas geben möchte und der andere es nicht annehmen möchte?
  ....

- Wie geht es mir damit, wenn ich etwas als Geschenk angeboten bekomme und ich es nicht annehmen möchte?
  ....

- Wie kann ich da gut bei mir bleiben?
  ....

Meine Ideen:

STIMMUNGSMACHE

Die Verantwortung für die Stimmung liegt bei uns Erwachsenen, das habe ich bereits erwähnt. Die Grundlage für eine gute Stimmung ist,

- dass keine Spannungen im Raum sind;
- dass Probleme angesprochen werden;
- dass Konflikte Raum bekommen, um gelöst zu werden,
- und dass Kränkungen und Verletzungen genannt werden, damit sie heilen können.

Es gibt ein paar Grundlagen, die dabei helfen, dass die Stimmung schnell und einfach eine gute bleiben kann. Für mich ist dies die Theorie der gewaltfreien Kommunikation nicht nur im Verbalen, sondern auch im Sein. Es bedeutet, in der eigenen achtsamen Haltung sich und anderen gegenüber zu leben.

INFORMATIONSFLUSS GEWÄHRLEISTEN

Kurz erwähnt habe ich im letzten Kapitel bereits, wie wichtig es ist, dem anderen die Entscheidungsfreiheit zu lassen. Die Voraussetzung dafür ist der Informationsfluss. Er ist der erste Grundpfeiler einer guten Stimmung. Kein Mensch kann erraten, was der andere vorhat. Wenn gerade jemand schlecht gelaunt ist, dann ist schnell die Annahme da, dass der andere vielleicht eine weniger gute Absicht hat. Wird hier nun mit Worten angekündigt, was folgt, dann gibt es viel bessere Möglichkeiten zur Kooperation. Das fängt bei Säuglingen an, denen man sagt, was nun mit ihnen gemacht wird. Und genauso ist es bei größeren Kindern oder Erwachsenen.

Dazu ein Beispiel aus meinem Alltag:

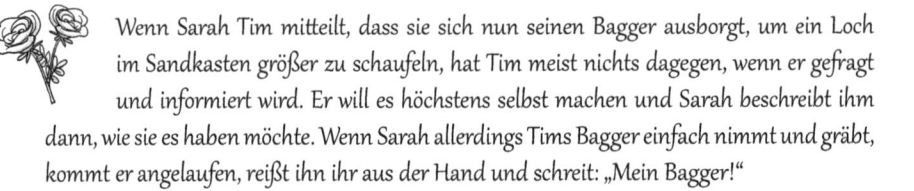

Wenn Sarah Tim mitteilt, dass sie sich nun seinen Bagger ausborgt, um ein Loch im Sandkasten größer zu schaufeln, hat Tim meist nichts dagegen, wenn er gefragt und informiert wird. Er will es höchstens selbst machen und Sarah beschreibt ihm dann, wie sie es haben möchte. Wenn Sarah allerdings Tims Bagger einfach nimmt und gräbt, kommt er angelaufen, reißt ihn ihr aus der Hand und schreit: „Mein Bagger!"

Genauso geht es einem Kind, das wir unterstützen oder dem wir helfen wollen. Es müht sich mit einer Sache ab, ein Erwachsener erledigt sie (schnell und schweigend) für das Kind, und dann tobt dieses undankbare Kind auch noch, anstatt froh zu sein, dass die Sache endlich erledigt ist. „Hilf mir, es selbst zu tun!" – das ist eine der für mich wichtigsten Aussagen von Maria Montessori. Es geht darum, den anderen dabei zu begleiten, selbstständig und aktiv zu handeln und ihn nicht in eine Abhängigkeit von mir zu bringen. Nur so können wir Lebewesen lernen: Indem wir ausprobieren und erfahren, wie es gut geht und wie nicht; indem wir aus unseren Handlungen nächste Schritte ableiten und diese ausprobieren.

VEREINBARUNGEN TREFFEN

Ganz wichtig sind zweitens klare Vereinbarungen, an die ich mich genauso halten muss wie die Kinder. Falls sich etwas ändern sollte, dann muss das besprochen werden. Klassisches Beispiel: der Besuch bei Freunden.

Die Mutter kündigt an, dass sie in zehn Minuten gehen möchte, dann beginnt sie doch noch zu plaudern und es werden zwanzig Minuten. Die Kinder, die

ihr ursprüngliches Spiel beendet haben, haben begonnen weiterzuspielen und werden dann ganz plötzlich aus ihrer Tätigkeit gerissen, denn jetzt fällt der Mutter ein, dass es bereits sehr spät ist.

Oft läuft es nun so: Die Kinder sind grantig, da sie noch mitten im Spiel sind, und die Mutter übernimmt nicht die Verantwortung für das längere Bleiben, sondern beginnt zu schimpfen. Sie denkt sich vielleicht: „Die undankbaren Kleinen, jetzt durften sie ohnedies noch länger spielen, und nun kommen sie noch immer nicht."

Die schlechte Stimmung ist vorprogrammiert.

Zeitliche Dimensionen können Kinder oft noch nicht gut abschätzen, selbst Erwachsenen fällt das schwer. Daher macht es Sinn, den Kindern in regelmäßigen Abständen Halt zu geben, indem man ihnen sagt, wie viel Zeit sie noch zur Verfügung haben. Die Dimension dieser Ankündigung hängt vom Alter ab. Einem jüngeren Kind bis etwa neun Jahre zu sagen, man ginge in zwei Stunden los, ist nicht greifbar.

Ich mache es daher so:

Ich gebe ihnen einmal die Ankündigung, dass wir in zwei Stunden das Haus verlassen, und sage ihnen dazu, dass sie in dieser Zeit noch gut ein Spiel gemeinsam spielen können. Nach einer Stunde sage ich ihnen, dass bereits die Hälfte der Zeit, die wir zu Hause sind, um ist. Und zehn Minuten, bevor sie sich fertigmachen sollen, kündige ich ihnen an, dass sie nun ihr Spiel beenden müssen. Dann haben sie Zeit, sich von ihrem Spiel zu verabschieden, bei Rollenspielen einen Weg zu finden, wie sie es weiter „mitnehmen" können, und dann ist noch ausreichend Zeit, sich fürs Weggehen vorzubereiten: Anziehen, Klo gehen, was alles so dazu gehört.

Eine große Leichtigkeit bringt mir auch ein Satz, den meine Eltern schon an mir gehasst haben. (Mein Mann tut es übrigens auch.):

„Man muss nichts, außer sterben."

Es ist eine Aussage, die mir unsagbar viel Freiheit bringt. Dies ist eine gute Basis für den letzten Schritt der gewaltfreien Kommunikation, denn so gibt es nur Bitten, und keine Forderungen.

Nun gibt es Sachen, bei denen es tatsächlich und objektiv betrachtet gut ist, wenn sie gemacht werden. Dahinter steht also eine Forderung aus Sachgründen, zum Beispiel den Geschirrspüler auszuräumen oder den Ofen anzuheizen. Und selbst da gilt mein Leitsatz.

Ich erkläre es an einem Beispiel:

Oft ist es so, dass wir abends nach Hause kommen und viel erledigt werden muss, sollte, kann. Gleichzeitig kommen da noch viele Bedürfnisse von den Kindern, zum Beispiel Hunger, Müdigkeit, Aufs-Klo-Gehen, Reden. Es herrscht Chaos. Da braucht es dann eine kurze Struktur und ein gemeinsames Ausrichten.

Ich sage dann beispielsweise: „Kinder, da gibt's jetzt einiges zu tun, und wenn wir das alles gemeinsam machen, sind wir in einer Viertelstunde fertig und können gemeinsam essen. Der Geschirrspüler ist noch auszuräumen, wir müssen beide Kachelöfen einheizen, wir brauchen ein Abendessen, und Tim braucht Hilfe auf dem Klo."

Meist heizt Jakob dann einen Kachelofen ein, Laura macht das Abendessen, Benjamin und Sarah räumen den Geschirrspüler aus und betreuen Moritz, sodass ich mit Tim das Klo besuchen und den zweiten Kachelofen einheizen kann. Und schon ist alles erledigt und wir sitzen gemeinsam beim Abendessen und erzählen uns, was so war. Irgendeines der Kinder kuschelt sich auf meinen Schoß und schläft ein. Und falls wir mal alle keine Lust darauf haben, die Sachen zu machen, die gemacht werden sollten, dann findet sich eine andere Lösung: Wir drehen doch einmal die Heizung auf, es gibt einfach Obst und Gemüse mit Nüssen als Abendessen und so weiter.

Diese Erkenntnis, dass es immer viele verschiedene Wege gibt, wie Bedürfnisse erfüllt werden können, ist erleichternd und befreiend.

Das Thema „klare Abmachung" betrifft auch den Besuch von Freunden. Für kleine Kinder bis zum Vorschulalter ist es oft schwer abzuschätzen, was es bedeutet, wenn plötzlich andere Kinder mit den eigenen Spielsachen spielen.

Als Vergleich dazu: Stell dir vor, eine Freundin kommt zu dir und probiert einfach deine Unterwäsche an. Sie nimmt sich die wundervollsten Spitzenteile und marschiert damit durch die Wohnung. Wie ginge es dir damit? Ich würde es nicht wollen und meine Unterwäsche wegräumen.

Und genau so etwas biete ich meinen Kindern an: Ich sage ihnen, wer nun zu Besuch kommt, und dass sie sich überlegen sollen, ob es etwas gibt, das ihnen so wichtig ist, dass wir es wegräumen sollen. Manchmal ist es nichts, manchmal viel, manchmal wollen sie genau diese weggepackte Sache dann wieder haben, wenn der Freund da ist. Doch das ist ihre Entscheidung.

IN DER FÜLLE LEBEN

Und dann gibt es noch eine dritte Zutat, die sehr hilfreich ist: in der Fülle leben. In der Fülle zu sein und aus der Fülle zu schöpfen hat nichts damit zu tun, wie viel Materielles wirklich vorhanden ist, sondern ob die volle oder die leere Hälfte eines Glases gesehen wird.

Meine Patentante hat mir das besonders vermittelt.

Sie war lange Zeit arbeitslos und lebte alleine. Ich war sehr oft bei ihr zu Besuch, und jedes Mal zauberte sie ein Essen aus den einfachsten Zutaten auf den Tisch. Wesentlich dabei war, dass der Tisch stets schön gedeckt war, eine Kerze darauf stand und wir nicht nur aßen, sondern dinierten. Sie verstand es, Dinge so zu verändern, dass sie eine neue Funktion bekamen – heute würde man dies wohl Upcycling nennen. Und wenn wir einmal gemeinsam unterwegs waren, was in finanziell engen Zeiten eher selten war, dann war klar, dass wir diesen Ausflug ganz genießen. Wir tranken in Venedig in den wundervollsten Cafés unseren Tee und genossen diese Feinheit und Morbidität. Wir suchten uns die richtigen venezianischen Restaurants auf entlegeneren Inseln, um wundervoll und finanziell leistbar essen zu können. Getragen war dies zum einen von dem Entschluss, dass wir uns dies nun wirklich gönnen und es genießen, zum anderen davon, einen Weg zu suchen, wie man zelebrieren kann und dennoch nicht über die finanziellen Stränge schlägt. So haben wir die urigsten Lokale kennengelernt und die skurrilsten Abende erlebt.

Es macht unsagbar glücklich, sich etwas Besonderes aus vollem Herzen zu gönnen.

Die Kinder und ich lieben Konditoreien sehr und freuen uns immer, an neuen Orten auf Konditorei- und Zuckerlgeschäftssuche zu gehen. Als ich mit den Kindern in der Toskana auf Urlaub war, besichtigten wir eine mittelalterliche Stadt und entdeckten dort einen wunderbaren Laden. Mit glänzenden Augen lugten wir hinein, und auf dem Rückweg unserer Tour beschlossen wir, uns dort die allerbeste Torte auszusuchen, sie zu verspeisen und dies ganz besonders zu genießen.

Wir saßen in dieser mit dunklem Holz vertäfelten Dolceria, und jeder hatte ein kleines Törtchen vor sich auf dem Tisch stehen. Tim aß ganz voller Achtsamkeit eine Tortenschicht nach der anderen, und Moritz genoss es, von mir mit Maronicreme und Schokolade gefüttert zu werden.

Gerade bei uns als Großfamilie ist darüber hinaus Teilen meist ein Thema. Es macht jedoch einen deutlichen Unterschied, ob ich sage:

„Ihr dürft euch nicht mehr als zwei Eiskugeln nehmen."

Oder:

„Wir holen uns ein Eis, und jeder kann sich die beiden leckersten Sorten aussuchen."

Natürlich kommt es dann auch vor, dass einer raunzt und meint, seine Kugeln seien ihm zu wenig. Dann bitte ich zu warten, ob vielleicht jemandem etwas nicht so schmeckt oder jemand schon bald satt ist – das ist nämlich meistens der Fall. Und oft bleibt dann sogar noch etwas übrig.

Dieses Vertrauen, dass es gut für alle ist und sein wird, hat etwas sehr Beruhigendes.

IM KONTAKT MIT SICH SELBST SEIN

Das ist die letzte Zutat für eine gute Stimmung, denn leicht ist es, die bereits genannten Basics zu leben, wenn man selbst gut gelaunt, ausgeschlafen und in der Fülle ist.

Das ist jedoch nicht immer so und dann wird es oft zu einer großen Herausforderung, die Stimmung gut zu halten. Und dann muss man im guten Kontakt mit sich selbst sein.

Wenn ich bei uns an einen typischen Sonntagmorgen denke, dann ist der alles andere als entspannt und fröhlich. Meist ist eines der Kinder ziemlich früh aufgewacht, zumindest zu früh für einen Sonntag, und einer von uns Erwachsenen ist aufgestanden. Bis wir es geschafft haben, aus dem Bett zu kommen, ist meist noch ein Kind aufgewacht, auch noch etwas zu früh, und die beiden machen sich dann daran, für ihr Frühstück zu sorgen. Das erzeugt oft rege Diskussionen, ob sie jetzt schon essen dürfen, wer welchen Joghurt möchte oder ob sie sich einen Brei kochen wollen.

Wenn wir nicht rasch genug sind, ist bald noch mindestens ein Kind aufgewacht. Nehmen wir an, ich war schnell aus den Federn, dann sitze ich jetzt mit zwei Kindern beim ersten Frühstück und sehne mich nach meinem Bett. Die beiden sind bald satt und beginnen zu spielen, wobei das natürlich nicht so leise ist.

So werden weitere zwei Familienmitglieder zu früh munter. Dann sind wir schon zu fünft und beginnen Frühstück für alle zu machen. Meist kommt dann noch mein Mann dazu, und so sitzen wir als unausgeschlafener Haufen mit zumindest einem ausgeschlafenen Zwerg bei Tisch. Alle sind etwas mürrisch, leicht wird da Milch verschüttet und das Brot fällt mit der Marmeladenseite auf den Boden.

Die ausgeschlafenen und satten Kinder sind bald in guter Stimmung. Sicher nicht jene, die aufgeweckt wurden und grantig mit am Tisch sitzen. Wir Erwachsenen können abwägen, welche guten Gründe wir haben, mitten in der Nacht am Sonntag mit unseren Kindern zu frühstücken. Es war unsere Entscheidung, aufzustehen, wir könnten uns auch noch mit Ohrstöpseln ins Bett legen und zu Mittag dann das Chaos beseitigen. Unsere Entscheidung.

Oft hilft es schon, sich kurz Zeit für sich zu nehmen, bevor das Chaos über einen hereinbricht:

Zwei Minuten alleine im Bad, um sich darüber klar zu werden, was man eigentlich möchte und was realistisch möglich ist. Zurück ins Bett und nachher die Küche und den Esstisch putzen? Sich über einen langen Tag freuen und jetzt gemeinsam das Frühstück herrichten und einen gemeinsamen Mittagsschlaf machen? Alle packen und einen Morgenspaziergang machen? Wofür ich mich auch entscheide, als Erwachsener trage ich die Verantwortung für meine Entscheidung. Für das, was ich tue, und auch dafür, dass ich genau mit diesen Menschen und Tieren hier zusammenlebe. Wenn ich mir das bewusst gemacht habe, kann ich tief durchatmen und ein Lächeln in mein Gesicht zaubern.

Dieses In-guter-Stimmung-Bleiben ist wahnsinnig anstrengend, oft ist es allerdings nach 30 Minuten wirklich geschafft und allen geht es gut.

Dann ist Zeit, die eigene Erschöpfung zu spüren (und vielleicht nochmals schlafen zu gehen).

Als Stimmungsverantwortliche gilt es auch darauf zu achten, dass die eigene Energie gut geladen ist, und zu wissen, wo es „Energietankstellen" gibt:

- Musik hören,
- dem Regen zuhören,
- Schokolade essen,
- eine Runde tanzen,
- auf dem Sofa kuscheln oder
- alleine eine Runde spazieren gehen.

Da hat jeder seine eigenen Zapfsäulen.

Dieser Stimmungsmacher zu sein ist ein kraftaufwändiger und undankbarer Job, denn bisher hat sich noch niemand bei mir bedankt, dass es doch noch ein passabler Sonntagmorgen war, außer ich mich bei mir selbst. Vielleicht wird dieser Job deshalb so selten angenommen.

Doch ich mache ihn primär für mich, da es mir doppelt so gut schmeckt, wenn ich gut gelaunt esse – und nicht mit finsterer Miene.

Fragen für den Alltag

Stressfreier ist es, wenn die Stimmung insgesamt fein bleibt. Deshalb kann ich mich fragen:

- Gebe ich allen Beteiligten rechtzeitig und genügend Informationen, damit jeder weiß, was passieren wird?

  ....

- Können die Betroffenen darauf reagieren und eventuell auch Nein sagen?

  ....

- Was kann dann geändert werden?

  ....

- Wo habe ich meine Energie-Tankstellen?

  ....

- Was mache ich, damit es mir gut geht?

  ....

- Bei welchen Themen gibt es unklare Vereinbarungen oder überhaupt keine?

  ....

- Wo bräuchte es mehr Klarheit?

  ....

- Wo habe ich Sorge, dass es eng ist, dass es Mangel gibt?

  ....

- Wo kann ich das, was ich als Mangel vermute, in der Fülle bei uns sehen?

  ....

Tipp: Ich kann auch Tagebuch über meine Sorge führen, um zu sehen, dass es Fülle gibt.

Meine Ideen:

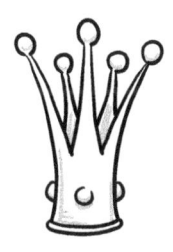

GRENZEN UND ZUSCHREIBUNGEN

Es gibt Situationen, da wollen wir Entscheidungen treffen, und wir vermuten, dass wir bei dieser Entscheidung über die Grenze eines anderen gehen oder diesen damit verletzen könnten. Dann kann es passieren, dass wir den anderen gewähren lassen und uns nicht bewusst für ein Ja zu dessen Handlung entscheiden. Anschließend sind wir dann vielleicht wütend auf uns und den anderen, da uns diese Entscheidung mit ihren Folgen über den Kopf gewachsen ist.

Dazu erinnere ich mich an Situationen mit Laura und Benjamin.

Sie hatten sich bei mir „erbettelt", dass ein Freund oder Freundin bei ihnen schlafen kann. Ich habe zugestimmt, ohne mir bewusst überlegt zu haben, wie die nächsten Stunden aussehen würden und ob es wirklich für mich passen würde.

Und dann hat es nicht gepasst. Es war mir zu viel, ich hatte ein Treffen abends übersehen und konnte nicht weg oder es war mit unserem Gast anstrengend. In der Folge war ich überfordert, grantig und habe die Verantwortung für meine schlechte Stimmung meinen Kindern übergestülpt.

Das ist unfair, denn Kinder leben im Moment, im Jetzt, und können die Dimension einer Entscheidung noch nicht so weit abschätzen.

FÜHRUNGSKRAFT SEIN

Da wir Erwachsenen letzten Endes die Verantwortung für das Zusammenleben tragen, wir uns für die Verantwortung der Unversehrtheit und das Wohl aller entschieden haben, ist es die logische Konsequenz, dass wir auch die letzte Entscheidung tragen.

Kinder haben sich nicht entschieden, in dieser Familie zu leben, in diesen Kindergarten zu gehen, diese Schule zu besuchen. Diese mächtige Last soll auch niemals auf diesen kleinen Schultern ruhen. Sofern es für uns Erwachsene passt, ist es trotzdem gut, Kindern den Freiraum zu lassen, selbst Entscheidungen zu treffen.

Ich lasse meinen Kindern zum Beispiel die Freiheit, selbst zu entscheiden, was sie anziehen möchten. Trägt Sarah dann im Winter ein Sommerkleid, mache ich sie darauf aufmerksam, dass dies wohl zu dünn für die Jahreszeit ist. Ich gebe ihr Möglichkeiten, das Kleid dennoch zu tragen: mit einer dicken Strumpfhose und einem dicken Pullover, sie kann es zu Hause anziehen oder sie findet einen anderen Weg.

Möchte sie das Kleid jedoch ohne zusätzliche Kleidungsstücke im Freien anziehen, dann schreite ich ein. Denn hier beginnt ihr Handeln auf mein Leben massive Auswirkungen zu haben: Wird sie krank, bin ich diejenige, die in den nächsten Tagen zu Hause bei ihr bleiben muss. Das möchte ich nicht. Sobald mir die möglichen Auswirkungen einer Handlung zu groß werden, ist es meine Verantwortung, dazu Nein zu sagen. In größter Liebe für mich und meine Kinder. Das ist die wichtigste Funktion einer „Führungskraft".

Wir Erwachsenen haben diese Last der Verantwortung auf unseren Schultern und dürfen uns mit unserer Entscheidung mit gutem Gewissen unseren Kindern und unseren Nächsten zumuten. Wir entscheiden so, wie es für uns gut passt, nach den Überlegungen und mit dem Horizont, den wir in dieser Situation haben.

Wir wägen dabei ab, was mehrere Personen in dieser Situation brauchen könnten, und beschließen anschließend, diesen einen bestimmten Weg zu gehen.

Dadurch muten wir uns und unseren Weg all jenen zu, die mit uns auf dem Weg sind. Es kann sein, dass unsere Entscheidung für alle passt. Es kann auch sein, dass sie in diesem Moment für niemanden passt, außer für uns. Dann können wir diejenigen, die mit uns auf dem Weg und die traurig und wütend sind, in ihrem Schmerz begleiten. Auch wenn wir diesen Schmerz bei ihnen ausgelöst haben.

Wenn ich Nein dazu sage, dass ein Freund bei uns schläft, dann habe ich oft ein tobendes Kind bei mir, das so unsagbar traurig ist, weil jetzt diese innige Zweisamkeit von mir gestört wird. Ich kann es vorsichtig in seiner Wut begleiten.

Am günstigsten ist es oft, diesem Kind mehr Ruhe zu geben oder nur seine Wut wiederzugeben. Erklärungen, weshalb man sich so entschieden hat, machen meist nur noch wütender. Ich kann die Traurigkeit sehen und das Kind trösten, eventuell kann ich mit ihm noch weiter träumen, was so fein wäre, wenn die zwei gemeinsam bei uns schlafen könnten (mehr dazu im Kapitel „Zaubereien: Traumländer und Wuthunde").

Essentiell ist dabei, dass ich selbst gut zu meiner Entscheidung stehen kann und mich selbst mit dieser Entscheidung wohlfühle.

Solch eine Entscheidung kann sich auch noch ändern. Ein Beispiel:

Manchmal erfahre ich nach meinem Votum noch Informationen, durch die ich mich auch anders hätte entscheiden können: Mein Abendplan ändert sich; der Grund, weshalb die beiden zusammen übernachten wollten, ist so wichtig, dass ich das gut verstehen kann; oder es ist etwas anderes. Dann kann ich meinen Beschluss jederzeit ändern. Ich kann das Kind anrufen, ihm erklären, weshalb ich jetzt einverstanden wäre, dass es bei uns übernachten möchte, und es herzlich zu uns einladen.

Es geht hier nicht darum, jederzeit seine Meinung beliebig zu ändern. Wenn jedoch jemand mit meiner Entscheidung sehr unglücklich ist und ich durch neue Informationen eine andere Sichtweise bekomme, darf ich die Größe haben, eine neue Richtung einzuschlagen. So erleben auch die Kinder, dass man seine Meinung ändern kann. Und dass es nicht um ein Kleinbeigeben oder Unterwerfung geht, sondern darum, den besten Weg zu finden.

Genauso kann ich meinen Weg auch in die andere Richtung ändern, wenn ich mehr Informationen bekommen habe. Ich muss mir nicht mein Leben unnötig schwer machen, nur weil ich einmal eine Entscheidung getroffen habe.

Auch hierzu ein Beispiel:

Einmal wollte eine Freundin bei Laura übernachten. Es war kurz nach der Geburt von Moritz. Ich war noch ziemlich erschöpft. Da es Laura so wahnsinnig wichtig war, stimmte ich unter der Bedingung zu, dass sie mich abends dabei unterstützt, das Abendessen zu machen und die Kinder ins Bett zu bringen.

Als es dann Abend wurde, wollte sie jedoch nicht auf Moritz schauen oder den anderen eine Geschichte vorlesen. Ich versuchte eine kurze Zeit, alles selbst zu meistern, und merkte, dass es unmöglich wäre, diese fünf kleinen Rüben in einer absehbaren Zeit ins Bett zu bringen. Also sprach ich mit Laura und ihrer Freundin, dass dies so nicht ginge, und brachte die Freundin wieder nach Hause.

Auch wenn die beiden unglücklich waren, war es für mich stimmig. Ich war auch nicht böse auf die beiden. Auf die Fahrt zur Freundin nahm ich Moritz und Tim mit, die beide einschliefen, sodass ich sie anschließend gleich ins Bett tragen konnte. Für mich war damit alles gut. Ich konnte den anderen Kindern noch in Ruhe ihre Gute-Nacht-Geschichte vorlesen.

Laura war eine Zeit lang ziemlich sauer auf mich, doch für die weiteren Übernachtungsbesuche brachte meine Konsequenz viel Klarheit.

Genauso gilt es auch unseren Mitmenschen zu gestatten, dass sie sich uns zumuten.

LIEBE MICH SO, WIE ICH BIN

Eines der Grundelemente meiner Erziehung ist, dass wir uns alle so annehmen und lieben, wie wir sind. Das beginnt als Allererstes bei mir selbst. Es geht darum, dass ich mich selbst annehmen kann – mit meinen guten Seiten, und auch mit denen, die ich selbst nicht so fein an mir finde. Doch gerade diese haben gute Gründe, weshalb sie da sind.

Wenn ich mich so schätze, wie ich bin, mir mein Bedürfnis nach Wertschätzung und Anerkennung also selbst erfülle, dann brauche ich dazu nicht mehr mein Umfeld. Ich kann für Außenstehende dann noch so scheußlich wirken, ich weiß, dass ich nach bestem Wissen handle und darauf achte, dass es mir und meiner Umgebung gutgeht. Ich habe gute Gründe für mein Verhalten, und mein Kind auch. Und ich kann mir selbst Gutes zugestehen, weil ich es mir selbst wert bin.

Diese Eigenschaft habe ich persönlich nicht als Kind mitbekommen, sondern mühsam wieder von meinen Kindern gelernt. In meiner Liebe zu ihnen habe ich niemals etwas entdeckt, was mich an ihnen abgestoßen hat, auch wenn ich ihr Verhalten manchmal sehr ärgerlich und auch ekelhaft gefunden habe. Sie an sich waren und sind immer wundervolle Wesen für mich. Das macht es leicht, sie so zu lieben, wie sie sind.

Mir selbst ist es allerdings oft passiert, dass ich mich nicht so nehmen konnte, wie ich bin. Mein Gedanke war: Wenn ich nur von wundervollen Menschen umgeben bin und mir dennoch alles über den Kopf wächst, dann kann es ja nur an mir selber liegen. Da hat es einige Zeit gebraucht – und braucht es immer noch –, um mir meinen Stellenwert wiederzugeben, mich so zu schätzen, wie ich bin, und für meine Wünsche klar einzustehen.

Auf der Suche danach, wo ich begonnen habe, mich selbst in den Hintergrund zu stellen, sind mir viele Episoden aus meiner Kindheit bewusst geworden, in denen ich nicht so geliebt wurde, wie ich bin. Heute weiß ich, was das aus mir gemacht hat und wie lange es gebraucht hat – einschließlich vieler kleiner „Therapeuten" –, um mir zu zeigen, dass ich zuallererst mir selbst Gutes zugestehen muss, damit es auch andere tun können.

So ist es mein Ziel, meinen Kindern diese Selbstliebe zu erhalten, jedes von ihnen auf seine besondere Art und Weise zu lieben und es für die Einzigartigkeit zu schätzen, die es mitbringt. Diese Einzigartigkeit ist gerade bei mehreren Kindern etwas, nach dem sie immer wieder fragen. Viel schöner als ein „Ich hab dich lieb" ist eine genauere Beschreibung, was man an dem anderen so schätzt. Sei dies ein Grübchen auf der Wange beim Lächeln, die Art des Ganges, das Klavierspielen, ein gemeinsames Interesse oder etwas anderes.

Ein Teil dieses Annehmens besteht auch darin, bei Konflikten zwischen dem eigenen Kind und einer anderen Person – meist einem Erwachsenen, oft einem autoritären Erwachsenen – zu hundert Prozent hinter dem Kind zu stehen. Was auch immer los ist, das Kind hat seine guten Gründe gehabt. Genauso hat der andere seine guten Gründe, über das Verhalten des Kindes wütend oder traurig zu sein. Doch im Falle eines hierarchischen Ungleichgewichts ist es ganz wichtig, für einen Ausgleich zu sorgen. Es gilt, eine heranwachsende Seele zu schützen. Ein Erwachsener kann sich seine eigenen Themen selbstständig ansehen.

Oft braucht es für ein Annehmen nicht einmal viel:
- das Anhören des Kindes, so dass es ganz gehört wird;
- eine Hand auf der Schulter, damit es weiß, ich stehe hinter ihm;
- eine Bestärkung, die es dem Kind erlaubt, gut seine Ohren und sein Herz zu öffnen, um die Bedürfnisse des anderen zu hören.

Und dann gilt noch ein weiterer Satz:
„Liebe mich dann am meisten, wenn ich am schrecklichsten bin!"

Genau dann, wenn wir uns selbst ganz furchtbar finden und nicht wissen, was wir eigentlich wollen, brauchen wir jemanden, der uns liebevoll in den Arm nimmt oder der ganz lieb zu uns ist. Es geht dabei darum, den anderen (oder sich selber) genau so anzunehmen, wie er gerade ist. In seiner Wut, seinem Schmerz, seiner Trauer.

Da kann es gut tun, gekuschelt zu werden und Halt zu bekommen. In einer anderen Situation ist es vielleicht besser, in Ruhe gelassen zu werden oder ein Gespräch zu führen.

Nicht zuletzt: Die Unterstützung, die ich in einer schwierigen Situation anbiete, muss auch zu mir in meiner aktuellen Situation passen. Wenn ich gerade mit einem Kind einen Konflikt hatte und in Wut bin – genauso wie das Kind –, dann ist es nicht meine Art, in eine Umarmung zu gehen. Ich brauche dann Ruhe und Selbstklärung, bevor ich für das Kind da sein kann. Wenn jemand für mich in einer wütenden Situation da ist, möchte ich nicht gehalten werden, sondern mich selbst wieder finden können. Das geht mit Körperkontakt bei mir nicht. Was ich allerdings brauche, ist Anteilnahme, keine Beschimpfungen, Vorwürfe oder Anklagen.

Ein bewertungsfreies Leben zu führen, ohne jemanden als schuldig abzustempeln, ist die völlige Annahme der anderen oder auch der eigenen Person. Und das ist reine Liebe. Bin ich also so in der Liebe mit mir und mit meinen Kindern, bin ich automatisch auch ganz in Liebe mit allen für mich bedeutsamen Menschen um mich.

Fragen für den Alltag

- Wann mute ich mich meinen Mitmenschen zu?
- Wie geht es mir damit?
- Und wie kann ich meine Umwelt gut begleiten?

....

- Wie geht es mir, wenn mein Kind eine Entscheidung trifft, die andere traurig macht (sich anderen zumutet)
- Kann ich dennoch gut hinter meinem Kind stehen?

....

- Wo fällt es mir schwer, ganz hinter meinem Kind zu stehen?
- Was ist es, das mich davon abhält, mein Kind schön zu sehen?
- Vielleicht ist es eine eigene alte Geschichte?

....

- Wenn das nächste Mal wieder diese Situation kommt, was kann ich machen, damit ich hinter meinem Kind stehen kann?

....

Meine Ideen:

DREI STRESSREDUKTIONS-GEHEIMNISSE

1. ZEITLOS SEIN

Ein großes Geheimnis gibt es, das es schafft, das Leben plötzlich ganz einfach und angenehm zu zaubern. Es ist ein Weg, der uns entspannt, der Tür und Tor öffnet für alles, was sein darf und gerade in diesem Augenblick dran ist: der Abschied von der Uhr!

Das ist natürlich nicht immer möglich, doch oft sind wir es, die uns selbst Stress auferlegen, der nicht notwendig ist. Ich habe die Erfahrung gemacht, dass wir in der Früh genauso schnell aus dem Haus kommen, wenn ich nicht auf die Zeit achte. Es ist nur viel angenehmer und entspannter, wenn wir zeitlos sind.

Die ungefähre Dauer eines Ablaufes ist ja meist bekannt, daher kann man zuzüglich von etwas „Verschleißfaktor", also etwas mehr Zeit als notwendig, das jeweilige Vorhaben starten und es zeitlos absolvieren.

Dafür spricht auch noch etwas anderes: Oft ist es doch so, dass wir Erwachsenen in Gedanken unseren Tag oder unseren Abend planen, und dann kommt alles ganz anders. Da es nicht immer möglich ist, ohne Uhr zu leben, gibt es dazu eine – bereits erwähnte – Ergänzung: Man muss den Kindern die Möglichkeit geben, mit der begrenzten Zeit gut umzugehen.

- Man kann ihnen ankündigen, dass sie nun fertig spielen, malen, essen sollen, da man in zehn Minuten gehen möchte.
- Nach fünf Minuten kann man dies nochmals ankündigen.
- Und auch wenn man merkt, dass sich nicht alle fünf Sachen ausgehen, die die Kinder planen, sollte man das besprechen.
- Man kann ankündigen, dass ein Teil des Vorhabens wohl auf einen anderen Tag verschoben werden muss oder vielleicht niemals sein kann.

2. HUMOR IST, WENN MAN TROTZDEM LACHT

Das zweite Stressreduktionsgeheimnis ist der Humor. Mit einem Lächeln im Gesicht sieht die Welt gleich viel schöner aus.

Nach einem anstrengenden Tag komme ich zum Beispiel in die Küche, und der ganze Boden ist von Milch bedeckt. Moritz hat sich ein Glas eingeschenkt. Dort passen etwa 200 Milliliter hinein, die restlichen 800 sind nun auf Küchentisch und Boden verschüttet. Voller Stolz strahlt er über sein ganzes Gesicht: Er hat sich selbst Milch eingeschenkt!

Nun stehe ich an einer Weggabelung, bei der ich mich für Schwere, Verlust und Mühsal entscheiden kann – oder für Freude, Verbundenheit und Leichtigkeit. Ich kann mich darüber ärgern, dass die Milch vergossen ist, ich Arbeit habe und mir ein Teil meiner Zeit fehlt. Oder ich kann mich freuen, wie selbstständig mein Kind agiert, wie klug es ist. Ich kann sehen, wie stolz und voller Freude mein Sohn da vor mir steht, und ich kann den Forschergeist erkennen, den ich auch habe.

Mit Moritz kann ich mich neugierig fragen: Was passiert, wenn man einfach weiterschüttet? Und ich kann mich daran erinnern, dass es mich als Kind auch gereizt hat auszu-

probieren, wie ein Glas übervoll wird und dann plötzlich überrinnt. Und da kann ich mich so freuen für Moritz. Ich kann mit ihm gemeinsam die Milch trinken und ihn anschließend an einen milchfreien Platz stellen, um die Küche wieder sauberzumachen. Vielleicht helfen mir sogar unsere Katzen und Hunde, dann ist die Milch nicht einmal im Abfluss gelandet.

Bei solch einer anderen Sicht kann Musik oft helfen. Sie ist häufig ein wundervoller Stimmungsmacher und Herbeilach-Zauber. Beispielsweise gibt es Nachmittage, wo ich schon das Abendessen vorbereiten möchte, und gleichzeitig will alle fünf Minuten ein Kind etwas von mir und ich komme mit meiner Tätigkeit gar nicht weiter. Vielleicht regnet es auch noch und es ist voll zu Hause. Da tut es mir und uns allen unheimlich gut, die Musik laut aufzudrehen und wild zu tanzen, laut dazu zu singen und wieder in die Freude zu kommen. Plötzlich ist alles so leicht und angenehm, und anstatt sich über die Scherben eines zerbrochenen Glases zu ärgern, können wir uns freuen, dass sich niemand geschnitten hat.

Humor hilft mir oft auch in Situationen, die an sich auch etwas besorgniserregend sein könnten. Sie haben mit einer neuen Perspektive keine Schwere mehr und man kann sie mit der Zeit vielleicht sogar lustig finden. Und eines Tages sind diese Themen dann verschwunden.

Ein Beispiel aus meinem Leben:

Lukas, Laura, Benjamin und Jakob hatten alle zeitweise ganz bestimmte Ängste oder „Ticks", für die ich keine logische Erklärung hatte. Lukas hat sich, bis er etwa zehn Jahre alt war, nicht getraut, auch nur eine Minute allein zu Hause zu bleiben. Laura hatte schreckliche Angst davor, in den Keller zu gehen. Benjamin war immer in Sorge, dass er zu wenig vom Essen bekommt. Jakob war nur dann bereit sein Brot zu essen, wenn es völlig mit Butter oder Aufstrich gestrichen war, bis zur Rinde, ohne jegliche Lücke dazwischen. Diese Eigenarten begegneten mir eine Zeitlang täglich. Wir machten uns daraus einen Spaß und meinten, Lukas sei in seinem letzten Leben vergessen worden, Laura im Keller eingesperrt gewesen und Benjamin sei verhungert. In Jakob sahen wir in einem früheren Leben den großen, exakt arbeitenden Wissenschaftler, der immer alles perfekt haben wollte. So konnte ich mit diesen Situationen gut umgehen.

Genauso hilfreich ist Humor, wenn alle gleichzeitig etwas wollen.

Bei mir kommt es beispielsweise vor, dass das Handy läutet und es der wichtige Anruf ist, auf den ich schon seit Stunden warte. Moritz hat just in diesem Moment eine volle Windel, Tim zieht gerade mit der Schaufel Sarah eine übers Ohr, und Jakob hat sich wehgetan. Da ist es oft einfach besser zu lachen, als alles hochdramatisch zu sehen: Jakob kann ich beglückwünschen, dass sein Fuß noch ganz ist und er ihn spürt; Tim kann ich sagen, wie fein es ist, dass er so für seine Sachen einsteht; über die gute Verdauung von Moritz kann ich mich freuen; und mit Sarah bin ich froh, dass sie keine Platzwunde hat.

Vor allem ist Humor dann unterstützend, wenn der andere schrecklich grantig ist und ich keine Ahnung habe, weshalb. Man kennt das: Es gibt Tage, da steht man in der Früh auf und alles läuft falsch. Mit Kreativität lässt sich meist auch das lösen – oder zumindest der wahre Grund für den Unmut herausfinden.

Gestern war für Tim so ein Tag:

Erst gab ich ihm die falsche Müslischüssel, dann schüttete ich ihm das Müsli gleich ein, obwohl er das selbst machen wollte. Der Sessel war zu weit weg vom Esstisch, und Wasser war auch noch keines auf dem Tisch. Die ganze Zeit erklärte er in einem halb weinerlichen, halb wütenden Ton, was er alles anders haben möchte. Und drumherum waren noch sechs weitere Kinder, die auch ihr Frühstück essen, mir ihre Träume erzählen wollten, eine Jause brauchten – und auch ich wollte in Ruhe frühstücken. Mit einer Portion Humor und Freundlichkeit war es gut möglich, Tim seine Wünsche zum Großteil zu erfüllen, ohne dabei selbst genervt zu werden.

Ich erfand eine Geschichte und begann: „Oh Tim, jetzt läuft heute alles anders, als du es möchtest. Dieses freche Müsli ist einfach in deine Schüssel gesprungen, und noch dazu in die falsche! Und dem Sessel befehlen wir jetzt, dass er ganz zum Tisch wandert. Möchtest du das Müsli in die andere Schüssel umfüllen?" Nach fünf weiteren Befehlen von Tim stellte sich heraus, dass er Ohrenschmerzen hatte und deshalb so schlecht gelaunt war. Mit Zwiebelwickel und Lavendelöl war er dann zumindest etwas zufriedener.

3. POSITIVES FORMULIEREN ODER: VOM ROSA FLUSSPFERD

Eine dritte Besonderheit ist das positive Formulieren, das wirklich wahre Wunder wirkt und oft Vieles einfacher macht.

- Denken Sie nun einmal NICHT an ein rosa Nilpferd.

Was sehen Sie vor sich? Wenn Sie sich anstrengen vielleicht ein blaues oder grünes Nilpferd oder einen rosa Elefanten. Wenn Sie die Worte einfach so gelesen haben, dann sehen Sie vor sich: ein rosa Nilpferd.

Genauso ist es bei Kindern: Wenn wir ihnen sagen, was sie nicht tun sollen, sagen wir ihnen, was sie tun sollen. Das Unterbewusstsein kennt das Wort „nicht" nicht. Ich könnte also genauso sagen: Denken Sie nun einmal an ein rosa Nilpferd. Es hätte den gleichen Effekt.

Was sagen wir unseren Kindern, wenn wir meinen:

- *„Fall nicht herunter!"*
- *„Lauf nicht weg!"*
- *„Nimm nicht die Sandalen, es regnet heute!"*

- Sie werden erschrocken herunterpurzeln oder sich zumindest fürchten;
- sie werden davonlaufen;
- und sie werden darauf bestehen, die neuen Sandalen anzuziehen!

Wir haben sie soeben auf diese Idee gebracht. Wir fokussieren unsere Gedanken auf genau diese kommunizierte Sache und können so keine anderen Möglichkeiten mehr sehen.

Mit einer anderen Sprache kann man jedoch den Handlungshorizont erweitern. Es bedarf einiger Übung, den eigenen Sprachgebrauch so weit umzustellen.

Schnell sagen wir:

> „Nimm nicht das Glas!"

Stattdessen habe ich mir angewöhnt, entweder zu sagen, was das Kind mit dem Glas machen soll:

> „Lass das Glas stehen!"

oder ihm eine Alternative anzubieten:

> „Nimm den Becher!"

Auch für die Kommunikation unter den Kindern ist eine solche Anpassung sehr hilfreich.

> Wenn Benjamin gerade mit seinen Bausteinen etwas baut und Tim mitspielen möchte, ruft Ersterer oft: „Nein, nimm das nicht! Geh weg!" Ich sage Benjamin dann, dass er schauen soll, wie sich Tim gut einfügen kann, und dass er ihm das vorschlagen soll. Dann meint Benjamin: „Tim, du kannst mit den Autos dort drüben spielen." Die Aufmerksamkeit von Tim wandert zu den Autos, und oft ist er damit zufrieden, so mit seinem großen Bruder mitspielen zu können.

Fragen für den Alltag

Einen ganz normalen Tag ohne Uhr verbringen: Wie geht es mir damit?

....

....

....

Wenn es gerade sehr eng wird:

- Wo und wie kann ich den Humor und die Leichtigkeit einladen?

  ....

- Was ist das Lustige, Komische oder Skurrile an der Situation?

  ....

- Gibt es auch etwas Berührendes dabei?

  ....

Um das große NICHT zu vermeiden:

- Welche negativen Formulierungen verwende ich oft?

  ....

- Wie kann ich sie positiv umlenken?

  ....

- Was soll mein Kind machen?

  ....

- Oder was soll es stattdessen verwenden?

  ....

Meine Ideen:

IM JETZT SEIN

Es ist eine große Kunst, im gegenwärtigen Augenblick zu sein und nicht in der Vergangenheit zu hängen oder in der Zukunft zu leben. Babys und Kleinkinder haben diese Gabe. Mit der Zeit entwickeln wir alle die Fähigkeit, uns unsere Zukunft vorzustellen. Damit treten auch Wünsche, Hoffnungen und Ängste diesbezüglich auf.

Es ist gut und hilfreich, aus der Vergangenheit zu lernen und sich Ziele für die Zukunft zu stecken. Und genauso wichtig ist es, im Jetzt zu leben, den Augenblick so zu nehmen, wie er ist, und ihn willkommen zu heißen. Sich darüber zu freuen, wie schön er gerade ist – und auch darüber traurig zu sein, wie hässlich oder anstrengend er gerade ist.

DIE FREUDE ÜBER DAS ERLEBTE

Über diese Kunst des Lebens im Hier und Jetzt möchte ich hier schreiben. Für mich liegt die Hauptannahme darin, dass alles, so wie es ist, gut ist. Das gibt mir zum einen ein Vertrauen in die Situation, und zum anderen nimmt es mir die Angst.

Nur in diesem einen Augenblick zu leben macht die Welt oft wunderbar: Es gibt kein Morgen, keine nächste Stunde, in der wir etwas verpassen, ich einen Fehler mache oder Ähnliches, sondern nur diesen Moment jetzt, der gut ist, so wie er ist.

Vor allem das Abschiednehmen von unseren Zukunftsvorstellungen, die uns oft traurig machen oder vor denen wir Angst haben, ist ein großes Geschenk. Mein Übungsfeld war einer meiner wundervollsten Urlaube.

Ich habe ihn mit meiner Familie in Ägypten verbracht. Wir fühlten uns dort wie zu Hause, und jedes Mal, wenn ich daran dachte, dass wir in X Tagen wieder nach Österreich zurückkehren würden, kamen mir die Tränen in die Augen. Ich wollte die Sonne, die neuen Freunde, die Lebensfreude nicht verlieren.

Jedes Mal, wenn ich so bekümmert war, habe ich mich ins Jetzt geholt: Was ist gerade jetzt in diesem Augenblick? Wie geht es mir jetzt in dieser Minute? Was nehme ich wahr? Und jedes Mal wurde mir bewusst: Es ist gerade echt wundervoll, ich bin völlig glücklich und ich brauche nicht traurig sein.

Am Tag der Abreise dann, als unser Taxi wartete und alle kamen, um sich von uns zu verabschieden, war es ein besonderes Lernen, im Jetzt zu sein: Ich lernte zu genießen, jeden Einzelnen nochmals zu umarmen, zu sehen, wie unsere Freunde die Kinder nochmals in die Höhe warfen und ihre Scherze machten. Es war ein Lernen, sich darüber zu freuen und nicht traurig zu sein, dass es gleich vorbei sein würde. Jetzt war es wundervoll.

Gemeinsam mit meinem Wissen, dass ich mich auch dazu entscheiden könnte, in Ägypten zu bleiben, konnte ich voller Freude in das Taxi einsteigen und wusste: Ich bin nicht traurig, dass es vorüber ist, sondern froh, dass es gewesen ist.

IM VERTRAUEN SEIN

Auch vor Terminen, bei denen sich der Bauch zusammenzieht und krampft, weil man sich fürchtet, kann man sich ins Jetzt zurückholen und fragen: Wie geht es mir jetzt? Wo bin ich jetzt?

Dabei merkt man wahrscheinlich, dass jetzt alles gut ist. Denn man ist vielleicht noch zu Hause und das Gespräch ist noch weit weg. Und wenn man dann auf dem Weg zu einer Besprechung ist, da ist auch noch alles gut, und dann wartet man, und auch dort ist alles gut. Erst dann geht die Türe auf und man merkt, dass man weiterhin im Jetzt ist und keine Zeit hatte, den Bauch zusammenkrampfen zu lassen. Selbst in nicht so guten Situationen ist es oft günstig, wenn man ganz im Jetzt ist und nicht der Vergangenheit nachtrauert oder sich ausmalt, wie schön die Zukunft doch wäre. Besonders hier ist es wichtig, im Vertrauen zu sein, dass dieser Weg ein guter und richtiger für einen ist.

Ein Beispiel aus meinem Leben:

Einmal stürzte ich vom Pferd und brach mir das Schlüsselbein. Innerhalb von Sekunden stellte sich mein ganzer Alltag auf den Kopf. Abgesehen von den Schmerzen, die ich hatte, hing ich anfangs die ganze Zeit den Gedanken nach: Ach, hätte ich doch ... Doch da gab es nichts zu ändern oder zu bereuen, die Konsequenzen meiner Handlung waren eingetreten und es galt sie anzunehmen. Als ich dann im Spital erfuhr, welche Auswirkungen mein Bruch hat, war es gut, mich ins Jetzt zu holen. Nicht zu überlegen, wie ich denn mit Säugling und fünf Kindern den Alltag bewältigen soll, sondern im Jetzt froh zu sein, dass ich gut versorgt bin, und dass ich nun ganz alleine für mich im Spital bin und mich von dem Schrecken erholen kann.

Indem man also im Jetzt ankommen kann, ohne schon ins Morgen zu hetzen, bekommt man auch den klaren Kopf, der nötig ist, um in Ruhe die nächsten Schritte zu planen und in die Zukunft zu schauen. Angstfrei zu leben bedeutet für mich, im Vertrauen zu sein, dass es so, wie es ist, gut ist. Ich bin mir sicher, dass für mich und meine Liebsten gut gesorgt ist, und dass dies der passende Weg oder das passende Leben ist. Speziell in Ausnahmesituationen ist es hilfreich, im Vertrauen und im Jetzt zu sein. Man kann unheimlich gestärkt aus diesen Erfahrungen herausgehen.

Im Vertrauen kann ich dann gut sein, wenn ich in Beziehung mit mir selbst und mit meinen nächsten Personen bin. Das ist dann der Fall, wenn ich mich spüre und weiß, wie es mir gerade geht, und wenn das gute Beisammensein mit mir und den anderen an erster Stelle steht. Dieses im Jetzt sein und ohne Angst zu leben bedeutet nicht, leichtfertig oder fahrlässig zu sein, sondern in Situationen, die man nicht beeinflussen kann, in eine innere Ruhe und Sicherheit zu kommen – in das Vertrauen, dass eine höhere Macht oder das Schicksal gut für uns sorgt. Solch eine Gewissheit hilft auch, eine Lage so anzunehmen, wie sie gerade ist, obwohl man das Leben gerne anders hätte und anders entscheiden möchte.

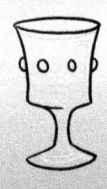

Fragen und Empfehlungen für den Alltag

Wann und wo trauere ich der Vergangenheit nach („Ach hätte ich doch …") oder mache ich mir Sorgen über die Zukunft?

....

....

....

Sobald ich merke, dass diese Gedanken mein Jetzt beeinflussen, hole ich mich wieder ins Jetzt zurück: sich einmal durchschütteln, fest aufstampfen, einfach etwas machen, um sich zu spüren.

Wenn mich etwas zu sehr beschäftigt, gehe ich mit der gfK die bereits bekannten vier Schritte durch:

- Was konkret stört mich?

  ....

- Wie geht es mir?

  ....

- Was brauche ich?

  ....

- Und was kann ich jetzt dafür tun?

  ....

Ich übe mich darin, Vertrauen aufzubauen: Ich kann mir abends überlegen, was an dem Tag alles gut gegangen ist. Ich frage mich: Was ist das Gute daran, zu Hause etwas vergessen zu haben, jemanden doch nicht getroffen zu haben und Ähnliches.

....

....

....

IN SCHWIERIGEN ZEITEN

KRANKEN KINDERN BEISTEHEN

Meine erste Erfahrung, wie wichtig es ist, bei sich zu sein, habe ich bei der Geburt von Lukas erlebt, als die Ärzte vermuteten, dass sein Gehirn durch einen eventuellen Sauerstoffmangel einen Schaden genommen hätte. Für mich stand im Vordergrund, in Beziehung mit diesem kleinen Zwerg zu kommen. Ich sah ihn sich bewegen und mit mir Kontakt aufnehmen und war der tiefen Überzeugung, dass alles passt, so wie es ist. Und genauso war es auch.

Das trifft auch im umgekehrten Fall zu, wenn nämlich nichts gut ist. Und auch dafür habe ich ein Beispiel.

Mit fast fünf Jahren bekam Benjamin eine Grippe, von der er sich einfach nicht erholte. Er lag zwei Wochen lang erschöpft auf dem Sofa, schlief viel, fieberte teilweise stark und war in dieser Zeit sehr bestimmend. Ich merkte, dass irgendetwas nicht stimmte, und wollte zugleich diese herannahende Katastrophe nicht wahrhaben. Als er dann über Schmerzen in der Brust und im Bauchraum klagte, fuhren wir ins Spital. Es stellte sich heraus, dass er eine Herzbeutelentzündung hatte und schleunigst operiert werden musste. Als Therapie bekam er ein Antibiotikum, das er nicht vertrug.

Nach seiner ersten Operation bekamen wir die Diagnose des kindlichen Rheumas gepaart mit einer langen Beschreibung, wie schwer und schwierig unser Leben nun werden würde. Nun hatten wir plötzlich ein schwerstkrankes Kind.

Die Diagnose erst einmal nicht annehmen zu können war ein natürlicher Prozess. Ein Jahr ging es Benjamin trotzdem gut, dann begannen schwere Magenschmerzen und ein neuer Spitalsmarathon begann. Es war schrecklich schwer anzunehmen, dass unser Kind, das vor einer Woche noch völlig vergnügt und lebenslustig durch die Welt marschiert war, nun für immer Medikamente nehmen sollte und sich womöglich in absehbarer Zeit nicht mehr gut bewegen können würde.

An einem grüblerischen Abend im Spital kuschelte sich Benjamin zu mir ins Bett, die Tränen rannen mir das Gesicht herunter und ich wusste zum einen: Jetzt ist es gut. Ich liege da mit meinem geliebten Sohn, dem es gerade gut geht. Und mir geht es auch gut. Es ist gut für uns gesorgt, die anderen Kinder sind bei meinem Mann, und bald werden wir wieder alle vereint sein.

Immer wieder tauchten jedoch Gedanken auf, wie schrecklich die Zukunft doch nun werden wird. Würde er im Rollstuhl sitzen? Würde er weiter in die Schule gehen können? Würde er überhaupt die Stufen bei uns zu Hause auch noch in drei Jahren gehen können? Und würde er in drei Jahren überhaupt noch leben? Könnten wir weiterhin in Urlaub fahren? Ich wünschte mir zusammenfassend einfach ein „normales" Leben für meinen Benjamin!

Ich war so traurig und konnte meinen ganzen Schmerz über meine Zukunftsbilder ausweinen. Und mich anschließend wieder gut ins Jetzt holen: In das Spitalsbett, wo ich mit Benjamin kuschelte. Als die Schwester kam und uns gemeinsam liegen sah, erlaubte sie uns, die Nacht so gemeinsam zu verbringen. Und ich wusste: Wie lange auch immer meine Zeit mit Benjamin und meinen anderen Kindern gemeinsam dauern wird, ich genieße es, dass es ihnen jetzt gut geht und dass wir jetzt zusammen sind.

Nicht nur das Im-Vertrauen- und Im-Jetzt-Sein habe ich bei den Spitalsaufenthalten gelernt, sondern auch mehrere andere hilfreiche Verhaltensweisen für den Alltag. Ganz wichtig ist es, mit seinen Gefühlen und seiner Intuition in Verbindung zu bleiben und dies auch den Ärzten mitzugeben.

Meine Überzeugung einer Unterstützung von Genesung besteht aus viel Ruhe und einer gesunden Ernährung. Kuscheln und Hautkontakt entpuppten sich ebenfalls als zentral. Engste Nähe zum Kind ist ebenso bedeutsam. Und zuletzt gilt es, ganz klar das Kind zu schützen und Wege zu finden, wie das Bedürfnis des Kindes und das Bedürfnis der Ärzte gemeinsam erfüllt werden können:

Zum Beispiel, indem ein ängstliches Kind zusammen mit Mutter oder Vater auf die Waage steigt und dann das Gewicht des Erwachsenen wieder abgezogen wird. Wenn Schmerzen unvermeidlich sind, muss das Kind durch diese begleitet werden und die Empfindungen dürfen nicht abgestritten werden.

GESCHWISTER BEGLEITEN

Ein ganz großes Augenmerk sollte in solch schwierigen Zeiten auf jene Kinder gelegt werden, die nicht krank sind. Die Sorge um das kranke Kind legt oft die ganze Familie lahm, und erst mit der Zeit wird klar, wie viel die anderen Kinder zurückstecken müssen und dabei in Rollen schlüpfen, die nicht die ihren sind.

Wenn ich abends erschöpft aus dem Krankenhaus nach Hause kam und alle meine Kinder wieder einsammelte, war deren Bedürfnis nach Mama ganz groß. Mein Bedürfnis war oft das nach Ruhe und Alleinsein. Und dann gab es noch Grundbedürfnisse, wie Essen und Trinken. Mir war klar, dass ohne die Unterstützung meines Umfeldes diese Basis zeitweise nicht dagewesen wäre. Es brauchte Leute, die für uns kochten, einkauften und im Haushalt halfen. Und Personen, die Zeit und Ruhe hatten, um mit den Kindern über das zu sprechen, was sie da gerade erlebten. Oder auch solche, die mit ihnen ins Bad gingen und ihnen ein wenig normalen Alltag in dieser irren Zeit gaben.

NOTSITUATIONEN BEWÄLTIGEN

Sehr lange Zeit war ich damit gesegnet, Kinder zu haben, die keine schlimmeren Unfälle und niemals ärgere Verletzungen hatten. Mit der Zeit hat sich das geändert und ich habe gelernt, mit solchen Situationen umzugehen. Den Anfang machte Benjamin, der mitsamt dem Fernseher vom Schrank flog und sich einen Cut am Augenlid zuzog. Jakob war damals gerade zwei Monate alt und ich mit meinen vier Kindern allein zu Hause.

Lektion 1: Suche dir jemanden, der dich gut begleiten kann.

Da hatte ich damals eine gute Freundin, die mich zum Arzt und auch ins Spital chauffierte, und mir vor allem stundenlang Jakob abnahm und ihn mir immer wieder nur zum Stillen brachte. Denn die ganze Aufmerksamkeit braucht der, dem es schlecht geht.

Lektion 2: Man muss abwägen lernen, wie weit es notwendig ist, einen Arzt einzuschalten.

Nicht um Ärzte zu umgehen, sondern um dem Kind möglichst viel Stress zu ersparen, denn das ist für Heilungsprozesse niemals gut. Dazu gilt es auch, einen Arzt zu finden, der mit möglichst wenig Eingriffen und Berührungen die Lage gut abschätzen kann. Bei vielen Situationen ist es gut abzuwarten, bei manchen braucht es gleich Hilfe. Wichtig ist immer: Ruhe bewahren und im tiefen Vertrauen sein, dass alles gut ist, so wie es ist.

Lektion 3: Übersetze deinem Kind, was mit ihm getan wird, wenn es beim Arzt ist und der Arzt nicht mit dem Kind spricht.

Wichtig ist auch, dem Kind seine Zeit zu geben, damit ihm beispielsweise Blut abgenommen werden kann. Da kommt es auf zwei Minuten länger nicht an, für das Kind macht es allerdings einen großen Unterschied, sich darauf einstellen zu können.

Lektion 4: Ich entscheide, wann ich mein Kind wieder alleine versorgen kann.

Beobachten und in der Nacht öfter aufstehen und mein Kind aufwecken kann ich zu Hause auch, sogar fast besser, denn ich kann mit ihm in einem Bett schlafen. Auch nach kleinen Eingriffen kann ich so schnell wieder das Spital verlassen und muss nicht unnötig lange dort bleiben. Genauso kann ich mich auch dafür entscheiden, länger mit meinem Kind im Spital zu bleiben, falls ich mir unsicher bin.

Lektion 5: Das Kind kennt sich selbst am allerbesten und weiß, was ihm guttut.

Anschließend folgen nahestehende Personen, wie ich als Mutter oder mein Mann. Veränderungen im Wesen, im Verhalten und Ähnliches können einem Arzt in der Regel nur dann auffallen, wenn er das Kind sehr gut kennt, und das ist meistens nicht der Fall.

Wichtig ist dabei, bei sich zu bleiben. Damit meine ich, dass es nichts bringt, auf eine suggerierte Frage so zu antworten, wie es der Arzt möchte, nur damit ein weiteres Symptom vorhanden ist. Ich entscheide (eventuell gemeinsam mit meinem Kind).

Auf jeden Fall entscheiden nicht allein Ärzte, ob zum Beispiel kleine Wunden genäht werden müssen. Hier gilt es, den Stress zu minimieren und auf die Natur zu vertrauen.

Lektion 6: Kein Arzt in Ausbildung hat das Recht, an meinem Kind nicht unmittelbar notwendige Untersuchungen vorzunehmen, wenn es das nicht möchte.

Und dies kann schon ein Baby ausdrücken, indem es zu weinen beginnt oder sich wegwendet. Da ist es meine Aufgabe, Stopp zu sagen.

Lektion 7 – und vielleicht am allerwichtigsten: Ruhe bewahren!

Klare nächste Gedanken und Schritte kann man nur planen, wenn man einen halbwegs klaren Kopf hat. In Ausnahmesituationen handelt man ohnedies oft intuitiv, doch manchmal braucht es klare Überlegungen. Diese sind nur bei Bewusstsein möglich und dazu ist Ruhe nötig.

Fragen und Empfehlungen für den Alltag

Wenn ich mit meinem Kind bei einem Arzt bin, erkläre ich ihm, was nun passieren wird, und lasse ihm Zeit, darauf zu reagieren.

Keiner kennt sein Kind so gut wie das Kind sich selbst und wie ich mein Kind. Wenn mein Kind Schmerzen hat, die nicht beachtet werden, dann stehe ich hinter meinem Kind und lasse den Schmerz beheben.

Ich frage mich:

- Habe ich ein gutes Handbuch, wo ich im Notfall nachsehen kann, ob und wie ich mein Kind selbst versorgen kann?

  ....

- Gibt es einen Erste-Hilfe-Kurs, den ich besuchen kann?

  ....

- Welcher Arzt oder welches Spital ist für mich gut vertrauensvoll, damit ich mich im Notfall dorthin wenden kann?

  ....

- Wie kann ich in kleinen Situationen „üben", ruhig zu bleiben?

  ....

Meine Ideen:

....

....

....

....

LOSLASSEN

Den ersten Schritt der aktiven Trennung erfahren wir, wenn sich unsere Kinder auf die Seite drehen. Das ist die erste Möglichkeit, die sie sich selbst bieten, uns näher zu kommen oder sich von uns zu entfernen.

WENN SICH DER PFEIL VOM BOGEN LÖST

Üblicherweise beginnt der Loslösungsprozess im Alter zwischen drei und fünf Monaten, auch wenn wir ihn als Eltern manchmal als das Gegenteil erfahren. Es folgen ja noch das Fremdeln, das Klammern und so weiter. Dennoch sind dies alles Schritte auf dem Weg in die Selbstständigkeit.

Wenn ich Moritz mit seinen zehn Monaten zusehe, wie er durch die Welt krabbelt und Sachen entdeckt oder wie mühsam er über eine Stange klettert, dann entdecke ich darin all seine Kompetenz und seine Weisheit, Probleme alleine zu lösen. Ich merke immer mehr, wie wichtig es ist, den Kindern die Chance zu geben, Probleme alleine lösen zu können und ihnen nicht andauernd zu helfen. Dieses Helfen macht sie klein, dumm und abhängig. Natürlich hätte ich jene Stange zur Seite räumen, Moritz in die andere Richtung rufen oder ihn darüber heben können. So hatte er die Möglichkeit, eines seiner Probleme alleine zu lösen. Und war dann mächtig stolz, als er mit freier Bahn zu mir krabbelte.

Das Vertrauen zu haben, dass Kinder sich die Sachen aneignen, die sie zum Leben brauchen, ist einer meiner Grundpfeiler. Die Möglichkeit, Probleme alleine zu lösen, ist in einer großen Familie wahrscheinlich leichter und öfter möglich, da es schon aus Zeitmangel nicht machbar ist, immer alle Herausforderungen der Kinder zu begleiten oder sie für sie zu lösen.

Dies gilt nicht nur bei Kindern, die sich „in der Norm" entwickeln, sondern genauso bei jenen, die etwas aus der Reihe tanzen. In irgendeinem Bereich hat jeder Mensch seine Stärken und in einem anderen seine Schwächen oder weniger Interesse, Fähigkeiten auszubilden.

Hier im Vertrauen zu sein, dass Kinder genau die Fähigkeiten mitgebracht oder entwickelt haben, die sie brauchen und die ihnen dienlich sind, ist eine große Hilfe.

Ein Beispiel dazu:

Lukas lernte lange Zeit nicht lesen. Medizinisch hatten wir abgeklärt, dass er keine Sehschwäche hat. Hier im Vertrauen zu sein, dass er dann das Lesen lernen wird, wenn er zum einen die geistige Reife dazu hat, zum anderen auch das Interesse und die Notwendigkeit sieht, lesen zu können, hat mir viel Leichtigkeit gegeben. Alle Spiele, die ich mir ausgedacht hatte, um ihn zu ermuntern – wie zum Beispiel Briefchen zu schreiben, um ihm Sachen anzukündigen – hat er gut umschiffen können. Er ging mit diesen Zetteln zu unserer Nachbarin und bat sie, ihm vorzulesen, was ich geschrieben hatte.

Erst mit etwa zehn Jahren änderte sich das. Wenn ich abends „Harry Potter" zum Besten gab, war ihm das oft zu kurz. Da konnte er auch nicht mehr zu unserer Nachbarin gehen. Und so beschloss er, nun doch selbst zu lesen!

Unsere Kinder werden also Wege gehen, die wir nie für sie vermutet haben. Diese gilt es, einfach anzunehmen.

LERNEN IM EIGENEN TEMPO

Sobald klar ist, dass eine Frau schwanger ist, gibt es eine beherrschende Frage, die einen als Mutter von da an begleitet: Ist Dein Kind gesund?

Ist alles „richtig", so wie es ist? Die Techniken des Messens beginnen, mit dieser Frage einen großen Stellenwert einzunehmen. Das Vergleichen und ein gewisser Leistungsdruck nehmen ab dann ihren Lauf, sofern er nicht gestoppt wird.

- Mit wie vielen Wochen oder Monaten dreht sich das Kind auf die Seite oder auf den Bauch?
- Wann kann es sitzen oder stehen?
- Was ist, wenn sich das Kind mit 15 Monaten noch immer krabbelnd fortbewegt?
- Wann sagt es die ersten Worte?
- Und wie lange kann man gelassen sein, wenn alle Kinder schon Drei-Wort-Sätze sprechen, das eigene jedoch erst zehn Worte beherrscht?

Es gibt einen Witz, der diese Situation sehr gut beschreibt.

Die Eltern eines Kindes sind total verzweifelt. Der Kleine ist vier Jahre alt und spricht noch kein einziges Wort. Alle Fachkräfte, Ärzte, Psychologen und Pädagogen finden keine Ursache für dieses Nicht-Sprechen. Eines Tages sitzen alle beim Frühstück, und plötzlich ertönt ein: „Der Kakao ist zu heiß." Überglücklich strahlen die Eltern ihr Kind an: „Weshalb hast du bis jetzt nicht geredet?" Daraufhin ihr Kind: „Bis jetzt hat immer alles gepasst!"

Ich habe es immer wieder sehr spannend gefunden, mit welchen verschiedenen Methoden Kinder ihre Wege finden. Dabei sollten wir vermeiden, als Eltern „Krücken" für unsere Kinder zu werden und uns dadurch schnell zum ungewollten Diener zu machen.

Dazu ein Beispiel:

Als Benjamin ein gutes Jahr alt war, wollte er – wie seine beiden großen Geschwister – auch auf der Schaukel schaukeln. Als überzeugte Anhängerin der freien Bewegungsentwicklung habe ich alle meine Kinder jedoch niemals in Schaukeln gesetzt. Sie haben auf Spielplätzen immer nur das gemacht, was sie selbst konnten. Benjamin war sehr unglücklich, dass er nicht schaukeln konnte, und das viele Weinen und vor allem die Blicke der anderen Mütter waren mir dann irgendwann zu viel.

Da dachte ich mir, wenn er auf mein Knie steigt und von da selbst auf die Schaukel kommt, dann macht er das doch quasi alleine ... Von da an musste ich mich immer hinknien, damit Benjamin auf die Schaukel am Spielplatz kommt. Das wurde mir mit der Zeit jedoch zu blöd, mit dem Ergebnis, dass Benjamin seine Abhängigkeit von meinem Knie massiv einforderte. Daraus habe ich gut gelernt, keine Krücke mehr zu sein.

Darüber hinaus: Ich kann es nun auch gut und mit Abstand betrachten, wenn meine Kinder traurig sind, weil sie noch nicht so „groß" sind wie andere Kinder oder ihre Geschwister und daher bestimmte Dinge noch nicht können. Auf die Freude, die sie haben, wenn sie dann wirklich selbstständig sind, kann ich ruhig und mit Zuversicht warten.

So verschieden Kinder sich entwickeln, sie alle lernen zu ihrer Zeit nach ihrem Interesse. Mit diesem Vertrauen in sie und der Bestätigung, dass sie das lernen, was sie brauchen, ist es leicht, ihnen beim Wachsen zuzusehen.

Das nährt auch die tiefe Überzeugung, dass Kinder mit den Sachen ausgestattet sind, die sie für ihr Leben brauchen werden. Wenn Kinder natürlich aufwachsen – damit meine ich, in ihrem Tempo nach ihrem eigenen Bauplan –, dann lernen sie das, was sie gerade für ihr Leben als wichtig erachten.

Ich erlebe diese individuellen Lernschwerpunkte in allen Bereichen und in allen Altersstufen.

- So kann sich Lukas in Mathematik und Geometrie derart vertiefen, dass er den Lernstoff von Mathematik eines Jahrgangs in drei Monaten durchgearbeitet und verstanden hat.
- Jakob hat in seiner großen Liebe zu Walen und Delfinen mit fünf Jahren gelernt, an der Schwanzflosse die Art zu erkennen.
- Laura kann ganze Klavierstücke nach einigen Malen Zusehen nachspielen.
- Und Benjamin ist unser großer Koch, der Speisen nachkochen kann, nachdem er das jeweilige Kochen einmal beobachtet hat.

Die Gaben, die sie mitbekommen haben, können auf so vielfältige Weise zu leben beginnen – da gilt es, einen guten, nahrhaften Boden bereitzustellen, auf den der Samen der Fähigkeiten fallen kann. Damit ist gemeint: Macht es mir Spaß, herumzutüfteln und Schlösser zu öffnen, kann ich sicher gut Einbrecher werden. Ich kann jedoch genauso einen Aufsperrdienst gründen und andere Menschen mit meinen Fähigkeiten unterstützen.

Ein wichtiger Teil des Lernens ist auch der des **Fehler-Machens**. Zu erkennen, dass der Weg, den ich eingeschlagen habe, nicht der passende für das Ziel ist, ist eine große Erkenntnis.

Leider wird sie vielen Kindern und auch Erwachsenen nicht ermöglicht, da wir in einer Gesellschaft leben, in der Fehler eine große Schande sind:

- Wir müssen in unserem Job immer alles richtig machen,
- unsere Kinder haben nicht die Möglichkeit, zu experimentieren, sondern müssen die richtigen Ergebnisse bei ihren Tests und Schularbeiten in der Schule liefern.

Ihnen fehlt somit ein wichtiger Aspekt des Lernens, denn am meisten lernen wir durch Erfahrung – sowohl dann, wenn das Ausprobieren geglückt ist, als auch gerade dann, wenn der Weg nicht erfolgreich war.

Wichtig ist, das Kind dabei zu bestärken, dass Ausprobieren immer gut und richtig ist, unabhängig davon, ob es nun einen Fehler gemacht hat oder nicht. Die ersten eigenen Schritte sind ein zögerliches Gehen, das meist mit einem Sturz landet. Wieder und wieder und wieder. Wir beschimpfen dabei unser Kind ja auch nicht als dumm und unfähig, sondern freuen uns, dass es die ersten Gehversuche gemacht hat.

Genauso können wir uns mit dem Kind freuen, wenn es beim Physiktest eine neue Variante ausprobiert hat, die nicht zum gewünschten Ziel geführt hat. „Hinfallen, aufstehen, Krone richten, weitergehen!" Das ist der Weg von uns Menschen. Weiterhin an uns und unsere Visionen glauben, auch wenn da einmal Steine auf unserem Weg liegen.

In meinen Kindern erkenne ich: Sie sind einfach alle so einzigartig und wunderbar. Wie jeder Mensch auf dieser Welt.

TEENAGER: DIE ZEIT DES ERNTENS

Jesper Juul beschreibt in seinem Buch „Pubertät", dass dieser Lebensabschnitt jene Zeit sei, in der wir Eltern das ernten könnten, was wir gesät und gepflegt haben.

Dieser Gedanke machte mir ein wenig Angst. Eigentlich sogar viel Angst.

- *Würde ich wirklich das ernten, was ich mir wünschte?*
- *Würden mich meine Kinder weiterhin mögen, respektvoll mit mir und allen anderen umgehen?*
- *Hatte ich das so gut vorgelebt?*
- *Würde ich mit ihnen weiterhin gut in Kontakt bleiben oder hatte ich mir das alles nur eingebildet?*
- *Wären sie gut genug auf das Leben vorbereitet und könnten ihren Weg gehen?*

Ich wollte diesen Tag, an dem man auf das Feld rausgeht und schaut, ob die Karotten auch gut gewachsen sind, nicht so bald erleben. Zum einen genoss ich mein derzeitiges Leben mit ihnen sehr, zum anderen fürchtete ich mich vor dem Ergebnis.

Ich wünschte mir, dass dieser Tag nie kommen würde, sie für immer die kleinen Lukasse und Lauras bleiben würden.

Doch plötzlich, gleichsam über Nacht, haben die Hormone sie wachgeküsst, und statt den gemeinsamen Koch- und Backsessions waren nur noch die Freunde interessant. Dieses Plötzliche hatte eine gute Seite an sich: Es kam so unvorbereitet auf mich zu, dass ich gar nicht überlegen konnte, wie ich reagieren sollte.

Es gibt eben eine Zeit, wo man den Jugendlichen ein paar Matratzen und Hängematten geben soll, damit sie gemeinsam abhängen und sich untereinander austauschen können. Das ist nicht die Zeit, wo groß gelernt wird – im kognitiven Sinne. Das geht auch gar nicht, da so viele andere Gedanken im Kopf sind, die ein anderes Lernen sind.

Wie funktionieren das Leben und die Liebe? – Das sind die Themen der Pubertät.

Zum Glück habe ich in diese Phase viel Blauäugigkeit mitgenommen.

Als Lukas mir erklärte, er wolle nicht zum alljährlichen Kirtag gehen, sondern sich lieber einen guten Film ansehen, war ich hellauf begeistert von meinem reflektierten Sohn, der offenbar erkannte, dass diese Kommerzveranstaltungen wirklich schrecklich sind. Er wisse noch nicht, mit wem er ins Kino gehen wolle, erklärte er mir. Ich hatte an diesem Abend frei und dachte mir, ich könne ihn ja begleiten. Bis ich dann ein paar Mütter aus der Schule traf, die alle wussten, dass Lukas mit einem Mädel unterwegs war. Wie schön es doch ist, naiv zu sein und langsam von der Realität aufgeweckt zu werden.

Manches ändert sich doch nicht – oder nicht so, wie man denkt. Einer meiner Träume war es, mit Lukas gemeinsam Orang-Utans in Borneo zu betreuen und dort mitzuarbeiten. Das erzählte ich ihm eines Abends, und auch meine Bedenken, dass ich dazu wohl nur noch wenig Zeit hätte, weil er nun andere Interessen hätte. Er war sehr erstaunt, als ich ihn fragte, ob er noch mit uns auf Urlaub fahren wollte.

Natürlich wollte er – mit uns und mit einem Freund wegfahren. Und so spürte ich keinen Schmerz darüber, dass ich meinen Sohn verlieren würde oder ich nicht mehr so wichtig für ihn wäre. Ich bemerkte nämlich, dass ich gerade einen neuen Freund geschenkt bekam, und das war wundervoll.

In dieser Zeit ist es nicht die elterliche Aufgabe, Jugendlichen klare Verbote zu erteilen, wo sie nicht hingehen dürfen und wann sie zu Hause zu sein haben. Es geht vielmehr darum, das Vertrauen zu haben, dass der junge Mensch gut auf sich schauen und abwägen kann, was und wer für ihn stimmig ist.

Es gibt auch Extremsituationen, und auch die wollen gut gelöst werden.

Dazu ein Beispiel:

Lukas wollte zu einem Freund, und ich meinte: „Ich möchte, dass du heute einmal zu Hause bist, da du die ganze Woche unterwegs warst." Das Ergebnis war, dass Lukas sich total wütend in seinem Zimmer verkroch, die Türe verkeilte und nicht mehr mit mir reden wollte.

Daraufhin schickte ich ihm eine SMS, wenn er so da sei, könne er auch gleich zu seinem Freund gehen, denn mein Wunsch, mit ihm zu sein, würde sich heute anscheinend ohnedies nicht erfüllen.

Ich bekam als Antwort: „Weißt du was, f*ck dich." Das hat mich schwer getroffen. War das eine Frucht, die ich erntete? Ich ließ es einmal so stehen und machte gar nichts. Dennoch es arbeitete es in mir.

Nach etwa zwei Stunden kam Lukas wieder aus seinem Zimmer und es war alles in Ordnung. Er half mit beim Aufräumen und machte dann Mathe. Später sagte ich ihm, dass mich das sehr bewegt hatte, von ihm beschimpft zu werden. Er meinte, es täte ihm leid, er hätte nur so gerne diesen Freund getroffen und fände Tage, an denen wir nichts unternehmen, einfach langweilig.

Wir einigten uns darauf, dass wir klar besprechen, wann wir etwas gemeinsam machen, und er dann mehr Orientierung hat, wann er jemanden treffen kann.

Es gilt, im Vertrauen zu sein, dass unsere großen Kinder sich auf ihrem Lebensweg die Fähigkeiten mitgenommen haben, die sie brauchen, und dass der Weg, den sie gehen, der ihrige ist. Wenn er auch etwas holprig und verworren ist: Das sind ihre Entscheidung und ihr Ausprobieren.

Wir konnten unsere Kinder lange Zeit begleiten, können sie teilweise noch immer ein Stück begleiten, doch den meisten Teil des Weges werden sie ab nun wohl alleine gehen. Ich kann mich freuen, was wir gemeinsam erlebt haben, und mich weiter darüber freuen, wenn wir Zeiten zusammen verbringen. Ich kann sehen, welche Samen ich gestreut habe und welche Pflanzen nun heranwachsen: die Selbstständigkeit, das Urteilsvermögen, die Lebensfreude und die Genussfähigkeit, die Geduld und das Durchhalten, das Zornigsein oder die Unterstützung.

Zugleich ist mir auch klar, dass die Welt der Jugendlichen heute eine andere ist als meine. Meine Kinder sind Kinder des dritten Jahrtausends, die ich in ihrer Welt besuchen muss und darf. Und da ist es meine Aufgabe, über meine Grenzen zu gehen und Neuland zu betreten – also quasi zu sehen, auf welchen Boden der Pfeil denn fällt, den ich da vor Jahren in meiner Hand hielt, als ich den Bogen spannte.

Auf diesem Boden gibt es PC-Spiele, die gar nicht einmal so schrecklich sind; Musik, die hin und wieder auch für mich melodiöse Elemente hat; Freunde, die alle wirklich toll sind; und selbst die Filme haben einen Inhalt. Wie das Leben unserer Kinder in 30 Jahren aussieht, können wir nicht einmal erahnen. Sie werden wohl völlig neue Wege gehen, und wir können jetzt nicht wissen, welches Werkzeug sie da brauchen werden. Doch wir können darauf vertrauen, dass sie die Fähigkeiten haben, die es ihnen möglich machen, in Zukunft gut zu leben.

Durch meinen Besuch im „Land der Pfeile" gibt es auch weiterhin eine Basis für Beziehung und Austausch, denn das Land meines Bogens ist nicht das Land der Zukunft, sondern der jetzigen Gegenwart. Unsere Kinder werden ihren Weg vertrauensvoll gehen. Wir können ihnen dabei zusehen und sie vielleicht ein Stück weit begleiten.

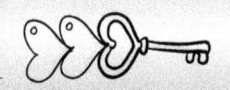

Fragen für den Alltag

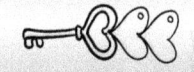

Wo macht das Kind einen Entwicklungsschritt und wird ein Stück weit selbstständiger?
Wie geht es mir damit?
Wie kann ich mein Kind loslassen und in seiner Welt besuchen?
Wie geht es mir damit?
- Ist es gut?
- Bin ich traurig?
- Wovor habe ich Angst?
- Was brauche ich, damit es mir gut geht?

Gibt es Situationen, in denen ich unsicher bin, ob mein Kind „gut genug" ist?
- Was macht mir Sorge?
- Was kann ich tun, damit ich dabei entspannter bin?

Was möchte ich von meinen Kindern ernten?
- Welche Samen kann ich dazu jetzt schon säen, damit sie gut reifen können?
- Was kann ich dazu beitragen, dass weiterhin ein gutes Verhältnis zu meinem jugendlichen Kind bestehen bleiben kann?
- Wo haben wir gemeinsame Interessen?
- Was kann ich von ihm lernen?

Meine Ideen:

PERSPEKTIVEN

Im Jetzt mit den Kindern zu sein, heißt auch damit zu rechnen, dass im nächsten Augenblick alles anders sein kann, als es gerade ist. Nicht nur durch einschneidende Erlebnisse wie die im Kapitel zu Krankheiten und Unfällen beschriebenen, sondern als logische und natürliche Entwicklung.

Es gibt einige Wege, die sich im Laufe der Zeit bei uns gefunden haben, um mit schwierigen Situationen umzugehen.

Die Grundphilosophie dabei ist, dass jeder seine Sicht der Dinge hat.

VON VERSCHIEDENEN WAHRHEITEN

Der erste mögliche Weg ist, jedem seine eigene Wahrheit zu lassen. Jeder nimmt jede Situation aus seiner eigenen Perspektive und mit seinem eigenen Filter wahr.

Dadurch beschreibe ich eine Situation ganz anders als zum Beispiel mein Mann. (Dazu kommt noch, dass der eine sich Sachen mehr optisch einprägt, der andere auf die Stimmlage achtet, und der Dritte auf die Wortwahl.)

In vielen Situationen hilft es ungemein, jedem seine Meinung und Sichtweise zu lassen und sich die Stimmung nicht durch unwichtige Kleinigkeiten vermiesen zu lassen.

Ein Beispiel dazu:

Lukas konnte, bis er sechs Jahre alt war, grün und braun nicht unterscheiden. Laura dagegen schon, und es kam immer wieder zu Diskussionen zwischen ihnen, ob denn nun die Wiese grün oder braun sei. Und dann fragten sie oft mich, wie ich das sähe. Meine Antwort darauf war: „Für Lukas ist die Wiese braun, und für Laura ist sie grün."

Das Stehenlassen von zwei Wahrheiten ist auch in größeren Konflikten hilfreich, wenn zwei Streitende darüber diskutieren, wer denn jetzt angefangen hat.

Jakob erklärt Sarah, dass sie ihm das Buch weggenommen habe. Sarah behauptet, dass Jakob sie zuerst gezwickt habe und dass das Buch ja gar nicht besetzt gewesen sei. (Jakob sei gerade am Klo gewesen.) Für jeden beginnt das kleine Drama an einer anderen Stelle. Ohne nun Schiedsrichter zu spielen, gebe ich wieder, was die beiden gesagt haben. Meist kommt dann die Idee einer Lösung, indem einer vorschlägt, dass sie sich das Buch ja gemeinsam ansehen könnten.

Es gilt zu schauen, ob ich mich als Erwachsener mit meinem Kind auf eine „Wer hat Recht?"-Diskussion einlassen muss oder ob wir dadurch nicht unsere Beziehung trüben. Wir alle erleben unser Leben aus unserer eigenen Perspektive und bilden uns daraus unsere Geschichte.

Daher ist es gut, Kindern die Möglichkeit zu geben, sicher zu sein, dass ihr Erleben für sie so richtig war. Auch wenn der andere es anders erlebt hat. Diese Zusage schafft die Möglichkeit, sich in andere Personen hineinzuversetzen. Denn erst, wenn ich mich mit meiner Geschichte sehen kann und mich andere damit hören und annehmen, so wie ich fühle, kann ich den anderen mit seiner Geschichte hören. Das ist die erste Übung in Empathie!

Sehr hilfreich ist das auch bei einer weiteren Erfahrung, die ich seit Jahren immer wieder mache: Kinder entwickeln sich von einer Entwicklungsstufe zur nächsten, und manchmal sind sie dadurch von einem Tag auf den anderen nicht mehr die dicksten Freunde, weil einer der beiden in ein neues Entwicklungsstadium gekommen ist.

Ich erinnere mich beispielsweise:

Noch vor Kurzem haben die beiden Brüder Benjamin und Jakob herrlich miteinander ihre Tierfiguren-Welten gebaut, und nun höre ich Benjamin die ganze Zeit rufen: „Das gilt nicht!" Ich komme ins Zimmer und sehe zwei aufgelöste Kinder. Benjamin erklärt mir, dass sie sich etwas ausgemacht haben und Jakob sich nicht daran hält. Jakob versteht die Welt nicht mehr. Er möchte, dass ein Pferd nun fliegen kann, so wie kürzlich auch.

Ich sehe diese beiden Wahrheiten und gebe sie ihnen wieder: „Jakob möchte haben, dass das Pferd jetzt fliegen kann. Er hat so viele Ideen, was alles sein kann, dass er das ausprobieren möchte. Und Benjamin, du möchtest haben, dass ihr euch ausmacht, wie ihr spielt und so bleibt es dann." „Ja, das ist unfair, Mama. Ein Pferd kann nicht fliegen!" „Doch, der kann schon fliegen", entgegnet Jakob. „Gut, da gibt es zwei Ideen. Für dich, Benjamin, ist es so, dass ein Pferd nicht fliegen kann, und für dich, Jakob, kann ein Pferd doch fliegen." „Wenn das so ist, dann will ich nicht mehr mit ihm spielen."

Benjamin packt ein paar Pferde und verlässt das Zimmer, Jakob spielt weiter und kann nun seine Pferde fliegen lassen. Ich gehe zu Benjamin. Der erklärt mir, wie dumm das doch ist, dass Pferde fliegen könnten. Ich erkläre ihm, dass für Jakob Vieles anders ist als für ihn, und dass für mich die Sachen nochmals anders sind. Da will er dann ein Beispiel hören, und ich erzähle ihm: „Ich bin einmal im Wald spazieren gegangen und habe eine wunderschöne Wurzel gefunden, die für mich aussah wie ein Pferdekopf. Und als ich sie dann Papa gezeigt habe und ihn gefragt habe, wie das aussieht, hat er gesagt: ‚Wie ein Delfin!'"

Das verstand auch Benjamin.

Wenn da plötzlich so ein Schnitt zwischen zwei im Alter durchaus nahen Geschwistern ist, die sich gerade noch so gut verstanden haben, ist das oft schwer zu ertragen. Die beiden leben nun in getrennten Welten. Das Beruhigende ist, dass sie irgendwann wieder auf der gleichen Entwicklungsstufe sind und sich wiederfinden.

ZAUBEREIEN: TRAUMLÄNDER UND WUTHUNDE

Und dann gibt es bei uns manchmal Zauberer, die wir uns herbeiwünschen. Die kommen dann, wenn ein Kind sehr traurig ist, weil es unbedingt etwas Bestimmtes haben oder erleben möchte und das nicht möglich ist. Diese Idee des Zauberns habe ich im Buch „Nun hör doch mal zu!" von Adele Faber und Elaine Mazlish gelesen und finde sie bei jüngeren Kindern ganz fein.

Dazu ein Beispiel:

Sarah wollte unbedingt in den Zirkus gehen, und es war so viel los, dass wir es vergessen haben. Sonntagabend, als wir am Zirkus vorbeifuhren und sahen, dass die Zelte abgebaut wurden, fiel ihr der Wunsch wieder ein, und sie war ganz traurig.

Beim Zaubern gilt es nun, in der Phantasie das zu erleben und durchzuspielen, was real nicht mehr geht. Anfangs dachte ich, dass das echt dumm ist und sich die Kinder veralbert vorkommen müssen. Mittlerweile ist mir allerdings klar geworden, dass ich sie damit genau in ihrer magischen Welt abhole.

Wenn ich also mit Sarah dasitze und sie weint und tobt, weil sie zum Zirkus möchte, sage ich: „Hokus Pokus, stell dir vor, du bist jetzt im Zirkus!" Und Sarah beginnt daraufhin zu erzählen, was sie dort sehen und erleben würde, und denkt sich den wundervollsten Zirkus aus.

Das reicht oft. Da brauche ich nicht zu suchen, wohin der Zirkus als Nächstes reist, um ihn am folgenden Wochenende doch noch zu besuchen. (So toll wie in der Phantasie wird er vielleicht ohnedies nicht sein.)

Genauso gut lässt es sich träumen, wenn das Eis heruntergefallen und nicht mehr zu retten ist oder der kleine Bruder die letzte Praline weggegessen hat. Zum einen erleben die Kinder im Traum, was real nicht möglich ist und können es so durchleben, zum anderen ist es ein Abfinden mit der Realität, denn ich kann diese Sachen nicht herzaubern.

Einen Weg, mit wütenden Situationen der Kinder umzugehen, habe ich durch Lukas gelernt.

Er hatte so mit fünf Jahren eine Phase, wo ihn ganz Vieles sehr wütend gemacht hat. Ich hatte keine Ahnung, was ich machen soll. Um der Wut einen Raum zu geben, kaufte ich einen Boxsack und Handschuhe dazu, doch beides wurde nicht genutzt. Da dämmerte mir, dass ich ja nicht wissen kann, was Lukas gut tut, wenn er wütend ist.

An einem Nachmittag, als es ruhig war, erzählte ich ihm, dass ich mir Gedanken mache, was er wohl braucht. Lukas überlegte kurz und meinte dann, er möchte, wenn er wütend ist, Murmeln seinen Klangbaum hinunterrollen lassen. Das beruhige ihn. Auf diese Idee wäre ich nie gekommen. Und so war es dann. Als er sich das nächste Mal über Laura ärgerte, sagte ich ihm, er könne zum Klangbaum gehen, und gab ihm Murmeln. Innerhalb kürzester Zeit war er wieder entspannt.

Mit sieben Jahren legte er sich dann einen „Wuthund" zu. Er ärgerte sich in der Schule immer wieder über ein Kind und hatte auch ein wenig Angst vor ihm. Diese Anspannung ließ er meistens zu Hause aus, indem er mit seinen jüngeren Geschwistern stritt. Da sprach ich mit ihm, was er denn bräuchte, damit er sich in der Schule besser fühlte. (Ich dachte daran, einmal mit den Lehrern zu reden.) Lukas ging zu seiner Schatzkiste und kramte darin herum. Dann kam er mit einem kleinen Plastikhund zu mir, der einen knurrenden Gesichtsausdruck machte, und sagte, den nehme er jetzt immer mit. Wenn ihn jemand ärgere, würde er ihm den Hund entgegenstrecken. Er steckte ihn in die Hosentasche und trug ihn die nächsten Wochen immer mit sich mit. Als ich dann in der Schule nachfragte, ob er den Hund oft einem Kind zeigen würde, meinte die Lehrerin, sie habe diesen Hund noch nie gesehen. Lukas fühlte sich allerdings sicher, und seine Wut gegenüber seinen jüngeren Geschwistern war weg.

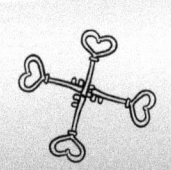

Fragen und Empfehlungen für den Alltag

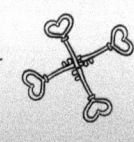

Wo gibt es meine Wahrheit und die meines Kindes?

....

Wie geht es mir mit diesen zwei Wahrheiten?

....

Wo haben zwei Kinder unterschiedliche Wahrheiten?

....

Wann kann ich zaubern, wenn mein Kind jammert?

....

Dazu kann ich sagen:
„Hokus Pokus, ich will jetzt … .Wie wäre es, wenn jetzt …? Was wäre daran fein?"

Wie kann ich die Verantwortung für die Lösung in einer schwierigen Situation beim Kind lassen?

....

In einer entspannten Situation frage ich dazu mein Kind:
„Wenn ich an die Situation denke, wo …, dann frage ich mich, was du da brauchen kannst, damit es dir gut geht. Hast du eine Idee?"

Meine Ideen:

....

....

....

....

....

....

SEINEN PLATZ IN DER GESELLSCHAFT HABEN

Um gut im Hier und Jetzt zu sein, braucht es eine gewisse Ordnung und Sicherheit. Diese entsteht auch dadurch, dass jemand in meinem Umfeld sie ausstrahlt.

Einen Teil dieser Sicherheit bekommen wir, wenn wir uns angenommen und geliebt fühlen. Einen weiteren dadurch, dass wir unseren Platz gefunden haben: in unserem Familienverband, in unserer Peergruppe, in der Gesellschaft.

SELBSTSTÄNDIG SEIN DÜRFEN

Jedes Wesen hat den Wunsch, wichtig zu sein und gebraucht zu werden. Für sein Umfeld im Kleinen und im Großen. Kinder lernen durch Beobachtung und wollen durch ihre Mithilfe ein Teil der Familie sein. Und sie haben ganz viel Freude daran, zu merken, wie froh wir sind, wenn sie uns unterstützen. Wichtig ist es jedoch, dass unsere Reaktion ehrlich und authentisch ist, wenn wir uns über sie freuen. Diesen Platz finden Kinder umso eher, je mehr sie selbsttätig und selbständig sind, um nicht nur nehmen zu können, sondern sich auch aktiv in den Alltag einzubringen.

Das Selber-Machen ist ein Teil unseres inneren Programms.

- Babys teilen mit, wann sie aufs Klo müssen, was allerdings bei uns meist überhört wird.
- Bereits in den ersten Monaten lernen sie, ihr Bedürfnis nach Saugen selbst zu erfüllen, indem sie ihre Hand bewusst zum Mund führen können, um daran zu nuckeln – sofern sie keinen Schnuller in den Mund gesteckt bekommen.
- Und mit einem Jahr beginnen sie, selbst zu essen, nehmen Besteck und tun es uns gleich.
- Ebenso fangen sie bereits ab einem Jahr an, unsere Tätigkeiten im Haushalt nachzumachen, etwa den Geschirrspüler mit auszuräumen oder die Waschmaschine einzuräumen.
- Und schrittweise übernehmen sie immer mehr Aufgaben – wenn wir sie lassen.

Bei uns zu Hause sind beispielsweise Kochen und Backen zwei ganz wichtige Aufgabenbereiche. Die Kinder lieben es alle, gemeinsam mit mir oder auch gerne alleine für uns alle ein Mittagessen zuzubereiten oder einen Kuchen zu backen. Und da geht es nicht darum, ein Fertigprodukt aufzuwärmen, sondern ein echtes Essen zu kochen inklusive Gemüse schneiden, Zwiebeln anrösten und was alles noch dazugehört.

Tim hingegen hat eine gute Nische gefunden, denn er als sechstes Kind hat nicht mehr viel Platz in der Küche, da alle gerne kochen und backen. Er deckt gerne den Tisch, eine Tätigkeit, die die anderen alle nicht mehr machen wollen. Mit seinen nicht ganz drei Jahren zählt er mit den Namen die Teller ab und stellt sie dann auf den Platz. Meist legt er dann nur noch die Gabeln in die Mitte des Tisches, und wir alle freuen uns, diese Aufgabe nicht machen zu müssen. Und ihn freut es, wenn wir uns wirklich freuen. Genauso gerne räumt er den Geschirrspüler aus und freut sich, wie viele Teller er tragen kann.

SICH EINBRINGEN

Ich denke, dass in jeder Familie ein Schwerpunkt vorhanden ist, an dem die Kinder teilhaben und ihren Platz finden können. Wichtig ist, dass die

Initiative von ihnen ausgeht und sie wertgeschätzt werden in dem, wie und was sie da machen.

Ganz wichtig ist mir hierbei, dass ich keine Arbeiten für die Kinder erfinde, sondern dass sie einfach in den Familienalltag hineinwachsen und selbst sehen und miterleben, was es zu tun gibt. So sehr kann ich mich gar nicht verstellen, dass sie nicht merken würden, dass ausgedachte Tätigkeiten unehrlich wären. Und oft ist es wunderbar, wenn wir gemeinsam noch schnell die Wäsche aufhängen, damit dann Zeit ist, um gemeinsam etwas zu basteln oder zu spielen.

In unserer großen Familie ist es für mich ganz klar, dass wir uns als ein Team sehen.

Ich erlebe, dass es den Kindern eine echte Freude ist, am Kunstwerk Familie mitzumachen.
- *Tim freut sich mit seinen fast drei Jahren, wenn er den Tisch decken kann;*
- *Lukas macht es Spaß, gemeinsam mit uns das Haus zu vertäfeln;*
- *Benjamin freut sich, wenn er einkaufen gehen kann;*
- *mit Jakob stehe ich oft lange im Gemüsegarten und wir stechen um und pflanzen;*
- *Laura bäckt fast täglich Kuchen oder Muffins;*
- *Sarah liebt es, mit Moritz zu spielen.*

Und neben all diesen Arbeiten, die wir gerne machen, gibt es auch noch die, die keiner so gerne tun möchte, wie zum Beispiel den Geschirrspüler ausräumen oder aufräumen. Da ist der Vorteil einer großen Familie, dass sich fast immer jemand findet, der diese Tätigkeit dann doch liebt oder sie ihm zumindest nichts ausmacht.
- *Lukas hat seine neue Leidenschaft fürs Bügeln entdeckt*
- *und Sarah und Tim fahren abends gerne mit ihren Puppenwägen durch das Haus, um alle Spielsachen einzusammeln und wieder an der richtigen Stelle auszuladen.*

Ich merke, dass wir dieses Wir-Gefühl nur so leben können, indem wir auch gemeinsam etwas machen.

Und auch wenn es häufig anstrengend ist, die Kinder in ihrer Selbstständigkeit sein zu lassen, so ist es ein wirkliches Wunder, welche Fertigkeiten sie entwickeln, wenn man sie lässt. Das ist vielleicht in einer großen Familie leichter, da nicht so schnell ein unterstützender Erwachsener dabei sein kann.

Wenn meine Kinder hungrig sind, so haben sie es bereits mit eineinhalb Jahren geschafft, den Kühlschrank zu öffnen und mit dem Löffel durch den Deckel des Joghurts zu stoßen, sodass sie sich ihr Frühstück selbst machen konnten. Und mit der Zeit bleibt auch mehr Joghurt im Becher und wandert in den Mund, als dass er auf dem Tisch oder Boden klebt.

Ich denke, schon im Wort „**Selbstständigkeit**" liegt die ganze Erklärung: Selbstständig wird man nur, wenn man selber ständig dran bleibt und so sein Selbstbewusstsein entwickelt.

IN DER WELT WIRKEN

Bei Jugendlichen erlebe ich, dass sie aufs Neue ihren Platz suchen. Diesmal nicht in der Familie, sondern in der Gesellschaft. Sie wollen in die Welt hinaus, haben den Kopf voller Ideen und mächtig viel Kraft – und sitzen den ganzen Tag auf der Schulbank. Dieses Bild passt nicht zusammen.

Bei Lukas erlebe ich es jetzt immer mehr, wie gern er andere Menschen unterstützt und so bei anderen eine Bedeutung und Wichtigkeit erlangt, nicht nur bei uns zu Hause. Ich denke, er ist da keine Ausnahme, sondern viele Jugendliche wollen gebraucht werden. Jedoch hat die Gesellschaft noch keinen Platz für sie.

Viele Lehrstellen beispielsweise hinterlassen bei mir den Eindruck, die jungen Menschen stehen mehr im Weg, als dass sie wirklich gebraucht werden. Der Ideenreichtum der Jugendlichen bleibt ungesehen oder gerät dann leicht in Bahnen, die in risikoreichen Mutproben enden können.

Das ist ein Problem, denn wenn Jugendliche zu jener Zeit auch vor Ideen strotzen, so können sie nicht immer ganz die Gefahr oder das Risiko ihrer Handlungen absehen. Umso wichtiger wäre es, wenn es Mentoren oder Paten gibt, die junge Menschen begleiten, sie in ihrer Welt besuchen und ihnen ihre Erfahrungen mitteilen.

Jugendliche sind nicht mehr Kinder. Sie sind zwar auch noch keine großen Erwachsenen, doch sie sind kleine Erwachsene, die sehr wohl schon Aufgaben tragen und Verantwortung übernehmen können und wollen. Es liegt an uns, ihnen wieder eine Wichtigkeit in unserer Gesellschaft zu geben, ihnen Möglichkeiten zum Entfalten zu bieten und sie als Teil unserer Gemeinschaft willkommen zu heißen.

Fragen und Empfehlungen für den Alltag

Wo können sich meine Kinder gut einbringen?

....

....

....

....

....

....

....

....

....

Wenn mich die Tätigkeiten freuen, kann ich das klar sagen:

„Ich freue mich, wenn du ... machst. Das unterstützt mich/uns bei ..."

Meine Ideen:

ZU GUTER LETZT

Erich Fromm schreibt in seinem Buch „Die Kunst des Liebens" von den zwei Arten der Liebe: Von der kindlichen Liebe – „Ich liebe dich, weil ich dich brauche." – und von der erwachsenen, partnerschaftlichen Liebe – „Ich brauche dich, weil ich dich liebe." Im Heranwachsen wird diese erste Form der Beziehung immer schwächer, und wenn wir als Eltern eine gute Beziehung zu unseren Heranwachsenden entwickeln, werden sie in unserem Leben bleiben.

Die Zutaten für ein entspanntes und achtsames Familienleben wachsen in nächster Nähe. Wir brauchen sie „einfach nur" zu pflücken und unseren eigenen Familien-Zaubertrank zu brauen. Können wir diesen kostbaren Schatz „Frieden" zu Hause herstellen, erhalten und ihn festigen, kann er sich schrittweise in unserem Umfeld ausbreiten, in unseren Kindern weiterleben und …

Wenn die Angst mit dem Vertrauen tanzt,
die Traurigkeit von der Geborgenheit umarmt wird,
der Schmerz durch Berührung schmilzt,
die Wut sich in Mut verwandelt,
die Gier von der Liebe gesehen wird,
der Neid sich mit der Freude verbindet,
das Vorurteil der Erfahrung weicht,
dann ist FRIEDE auf Erden.

LITERATUR

Hier eine ganz persönliche Auswahl – jene Bücher, die mich auf den Weg gebracht haben und dort halten:

- Bauer, Ingrid: Es geht auch ohne Windeln – *faszinierend, wie viel an Kommunikation von Anfang an möglich ist*
- Bergmann, Frithjof: Neue Arbeit, neue Kultur – *angenommen jeder macht die Arbeit, die wir wirklich wollen ...*
- Bleckmann, Paula: Medienmündig – *ein Muss im Leben mit Kindern und Medien*
- Donaldson, Fred O.: Von Herzen spielen – *gewaltfreie Kommunikation ohne Worte*
- Faber, Adele / Mazlish, Elaine: Nun hör doch mal zu! – *supergenial, um seine Kommunikation zu analysieren*
- Faber, Adele / Mazlish, Elaine: Hilfe, meine Kinder streiten – *und nun ist auch klar, warum*
- Gronemeyer, Marianne: Die Macht der Bedürfnisse – *Zeit, unser Leben zu ändern*
- Hengstenberg, Elfriede: Entfaltungen – *das Grundlagenwerk zum Thema freie Bewegungsentwicklung bei Kindern und Jugendlichen*
- Kashtan, Inbal: Von Herzen Eltern sein – *gewaltfreie Kommunikation und Elternschaft*
- Keller, Olivier: Denn mein Leben ist Lernen – *Lernen außerhalb der Regelschule*
- Johnson, Anita: Die Frau, die im Mondlicht aß – *wunderschöne, stärkende Märchen*
- Pearce, Joseph Chilton: Der nächste Schritt der Menschheit – *neurobiologische Betrachtungsweise der Schätze im Menschen*
- Pestalozzi, Hans A.: Auf die Bäume ihr Affen – *ein Klassiker, doch aktueller denn je*
- Pikler, Emmi: Miteinander vertraut werden – *einfühlsame Babybegleitung*
- Pikler, Emmi: Friedliche Babys – zufriedene Mütter – *meine Begleitung in den ersten Babymonaten*
- Rosenberg, Marshall B.: Gewaltfreie Kommunikation – *meine „Bibel"*
- Rosenberg, Marshall B.: Kinder einfühlend ins Leben begleiten – *Rosenberg zum Thema „Kinder"*
- Rosenberg, Marshall B.: Das Herz gesellschaftlicher Veränderung – *Möglichkeiten eines friedvollen Miteinanders durch die gfK*
- Somé, Sobonfu: Die Gabe des Glücks – *zum Erziehen braucht es ein ganzes Dorf*
- Tolle, Eckhart: Leben im Jetzt – *Anleitung, um im Jetzt leben zu können*

Ergänzt durch jene Literatur, bei der ich mich in meinem Weg bestärkt fühle und froh bin, dass jemand genau das erforscht, was ich aus meinem Alltag mit meinen Kindern nur bestätigen kann:

- Bauer, Joachim: Warum ich fühle, was du fühlst – *Spiegelneuronen und wie wir alle in Wechselwirkung miteinander sind*
- Gopnik, Alison u.a.: Forschergeist in Windeln – *erfassen können, was wir und unsere Kinder schon drauf haben*
- Hillenberg, Lucie / Fries, Brigitte: Starke Kinder – zu stark für Drogen – *Anleitung zu selbstbewussten Kindern und der Möglichkeit von uns Eltern, unsere Kinder vor Manipulation zu schützen*
- Juul, Jesper: Das kompetente Kind – *der Klassiker, der beschreibt, wie unterstützende Begleitung sein kann*
- Juul, Jesper: Nein aus Liebe – *unsere Grenzen zu ziehen ist ein Liebesbeweis an uns und kann neue Türen öffnen*
- Juul, Jesper: Pubertät – *macht die Sorge um die „gefährliche" Zeit klein und machbar*
- Kabat-Zinn, Jon / Kabat-Zinn, Myla: Mit Kindern wachsen – *stärkende und berührende Beschreibung des Zusammenlebens mit Kindern*
- Liedloff, Jean: Auf der Suche nach dem verlorenen Glück – *seiner Intuition vertrauen und ihr treu bleiben*
- Mendizza, Michael / Pearce, Joseph C.: Neue Kinder, neue Eltern – *das Leben als Spiel*
- Schiffer, Eckhard: Warum Huckleberry Finn nicht süchtig wurde – *gewiss sein, dass es gut ist, dass Kinder in Waldkindergarten und freie Schule gehen*
- Spitzer, Manfred: Digitale Demenz – *beunruhigend, wie viele Jugendliche vor Bildschirm und Co verblöden; beruhigend für Eltern mit Mut zu klarer Medienerziehung*
- Stern, André: … und ich war nie in der Schule – *wie es ist, wenn man ganz in seiner Mitte bleiben und aufwachsen kann*
- Taschner, Ute / Schreck, Kathrin: Meine Wunschgeburt – *bestärkend zur selbstbestimmten Geburt nach Kaiserschnitt (inklusive meiner eigenen Geschichte)*
- Wagenhofer, Erwin / Kriechbaum, Sabine / Stern, André: Alphabet – *Wesentliches über Kindererziehung, mit berührenden Beispielen*
- Zollinger, Barbara: Die Entdeckung der Sprache – *die Sprachentwicklung von Kindern bewusst beobachten und sie faszinierend finden*

Und hier sind Kinderbücher, die meine Philosophie wiedergeben:

- Bosca, Francesca: Weihnachtskuchen für alle – *gewaltfreie Kommunikation zu Weihnachten*
- Cave, Kathryn: Irgendwie anders – *Wie ist das, wenn man anders ist? Anders gleich einzigartig*
- Kromhout, Rindert: Der kleine Esel und sein Geschenk für Jaki – *Kinder im Schmerz begleiten*
- Lindgren, Astrid: Wir Kinder von Bullerbü – *naturnahe Kindheit zum Greifen nahe*
- Lindgren, Astrid: Michel aus Lönneberga – *schlimm oder hochintelligent?*
- Lindgren, Astrid: Ronja Räubertochter – *ein wildes Mädchenbuch*
- Lindgren, Astrid: Madita – *liebevolles, freches Mädchen aus Schweden*
- Lobe, Mira: Valerie und die Gute-Nacht-Schaukel – *das endlose Spielen vor dem Weg ins Traumland verstehen*
- Lobe, Mira: Die Omama im Apfelbaum – *den Wert einer Phantasieoma begreifen*
- Lobe, Mira: Die Sache mit dem Heinrich – *Übergriffe auf Kinder*
- Pauli, Lorenz: mutig, mutig – *Mut zum Anderssein*
- Tolle, Eckhart: Miltons Geheimnis – *im Jetzt sein*
- Werner, Brigitte: Kotzmotz, der Zauberer – *Worte können Türen sein*
- Faber, Adele / Mazlish, Elaine: Nun hör doch mal zu! – *Was will mein Kind eigentlich sagen? Mit konkreten Beispielen und Übungen*

Zum Weiterlesen vom Verlag edition riedenburg
Im (Internet-)Buchhandel und auf editionriedenburg.at

Dr. med. Ute Taschner
Kathrin Scheck

Meine Wunschgeburt – Selbstbestimmt gebären nach Kaiserschnitt

Begleitbuch für Schwangere, ihre Partner und geburtshilfliche Fachpersonen

Kaiserschnitte und andere Eingriffe in den Ablauf der natürlichen Geburt sind heutzutage weit verbreitet. Doch die meisten Mütter möchten ihr Kind verletzungsfrei auf natürlichem Wege zur Welt bringen. Dies trifft vor allem auf Frauen zu, die bereits einen oder mehrere Kaiserschnitte hatten und nun nach Alternativen zur operativen Entbindung suchen.

Das Buch „Meine Wunschgeburt" zeigt Schwangeren, ihren Partnern, GeburtshelferInnen und weiteren Fachpersonen Wege auf, wie dies gelingen kann.

Lini Lindmayer

Geht's auch ohne Schule? Auf den Spuren der Freilerner

Im Buch: Erfahrungsberichte von 15 Freilerner-Familien zwischen Schweden und Neuseeland

Die Begriffe „Homeschooling" und „Unschooling" haben längst Einzug in den heimischen Sprachgebrauch gehalten. Doch was genau steckt dahinter und wie sieht die schulfreie Praxis im Alltag aus? Lini Lindmayer schreibt aus Erfahrung. Als Mama von fünf Kindern, die weder einen Kindergarten noch eine Schule besuchen, weiß sie, was nötig ist, damit das freie Lernen Spaß macht und keine Langeweile aufkommt.

Kindersachbuchreihe „Ich weiß jetzt wie!"

Mamas Bauch wird kugelrund
Regina Masaracchia, Ute Taschner

Das **Kindersachbuch** zum Thema Aufklärung, Sex, Zeugung und Schwangerschaft

Ein Baby in unserer Mitte
Regina Masaracchia, Ute Taschner

Das **Kindersachbuch** zum Thema Geburt, Stillen, Babypflege und Familienbett

Unsere kleine Schwester Nina
Regina Masaracchia, Ute Taschner

Das **Kindersachbuch** zum Thema Stillen, Zahnen, Beikost und Babys erstes Jahr

Besonders wenn sie lacht
Regina Masaracchia, Iris-Susanne Brandt-Schenk

Das **Kindersachbuch** zum Thema Stillen, Füttern, Operation und Heilung bei Lippen-Kiefer-Gaumenspalte

editionriedenburg.at

Das große Storchenmalbuch mit Hebamme Maja
Caroline Oblasser, Regina Masaracchia
Das **Kindersachbuch** zum Thema Aufklärung, Schwangerschaft, Geburt und Baby

Mama und der Kaiserschnitt
Caroline Oblasser, Regina Masaracchia
Das **Kindersachbuch** zum Thema Kaiserschnitt, nächste Schwangerschaft und natürliche Geburt

Baby Lulu kann es schon!
Caroline Oblasser, Regina Masaracchia
Das **Kindersachbuch** zum Thema natürliche Säuglingspflege und windelfreies Baby

Lilly ist ein Sternenkind
Heike Wolter, Regina Masaracchia
Das **Kindersachbuch** zum Thema verwaiste Geschwister

S😈WAS!
macht Kinder zu Experten
für sich selbst

Die Website zur kompletten Reihe inklusive
EXTRA- und BILDER-Spezialhefte:
SOWAS-Buch.de

Band 1: „Volle Hose"
Einkoten bei Kindern: Prävention und Behandlung

Band 2: „Machen wie die Großen"
Was Kinder und ihre Eltern über Toilettenfertigkeiten wissen sollen

Band 3: „Nasses Bett"
Nächtliches Einnässen bei Kindern: Prävention und Behandlung

Band 4: „Pauline purzelt wieder"
Hilfe für übergewichtige Kinder und ihre Eltern

Band 5: „Lorenz wehrt sich"
Hilfe für Kinder, die sexuelle Gewalt erlebt haben

Band 6: „Jutta juckt's nicht mehr"
Hilfe bei Neurodermitis – ein Sachbuch für Kinder und Erwachsene

Band 7: „Konrad, der Konfliktlöser"
Clever streiten und versöhnen

Band 8: „Annikas andere Welt"
Hilfe für Kinder psychisch kranker Eltern

Band 9: „Papa in den Wolken-Bergen"
Hilfe für Kinder, die einen geliebten Menschen verloren haben

Band 10: „Herr Kacks und das Pi"
So landen großes und kleines Geschäft direkt im Klo!

Band 11: „Woanders hin?"
Für Kinder, die nicht zu Hause wohnen

Band 12: „Felix und der Sonnenvogel"
Das Bilder-Erzählbuch für Kinder, die getröstet und beschützt werden wollen

Band 13: „Rosa und das Mut-Mach-Monsterchen"
Das Bilder-Erzählbuch für Kinder, die mutiger sein wollen

Band 14: „Wie war es in Mamas Bauch?"
Das Bilder-Erzählbuch für Kinder und Erwachsene, die auf Zeitreise gehen wollen

SOWAS!
gibt es seit
2008

edition riedenburg
editionriedenburg.at

SOWAS! MINI für Kinder ab 2 Jahre

Band 1 MINI: „So fliegt der Wuschelfloh aufs Klo!"
Die Geschichte vom windelfreien Spatzenkind

Band 2 MINI: „So gehen die Tiere groß aufs Klo!"
Mit dem Wuschelfloh auf Klo-Weltreise

Band 3 MINI: „Lotta geht schon aufs Klo!"
So bleibt die Hose sauber

Die „SOWAS!"-Reihe wird fortgesetzt!

Alle Titel im Buchhandel erhältlich

Hallo du!
Ich bin Annika und habe ein **Kalender-Tagebuch** für dich gemacht. Damit kannst du nicht nur Termine, sondern auch deine Gedanken und Gefühle gut ordnen. Viel Spaß dabei!

SOWAS!
SOWAS-Buch.de
Sigrun Eder
Petra Rebhandl-Schartner
Eva Gasser

Mein ganzes Jahr mit Annika

Das Kalender-Tagebuch für deine Gedanken und Gefühle

FÜHL DICH WOHL!

EDITION RIEDENBURG: SACHBUCH-VERLAG *im Buchhandel!*
BEI UNS FINDEN SIE BÜCHER, DIE IN DIE TIEFE GEHEN.

Aus unserem Programm:

- Alleingeburt – Schwangerschaft und Geburt in Eigenregie
- Luxus Privatgeburt – Hausgeburten in Wort und Bild
- Meine Wunschgeburt – Selbstbestimmt gebären nach Kaiserschnitt
- Der Kaiserschnitt hat kein Gesicht – Fotobuch und Erfahrungen von Müttern
- Meine Folgeschwangerschaft – Ratgeber für schwangere Frauen nach Verlust
- Mein Sternenkind – Ratgeber für Eltern, die ein Kind verloren haben
- Kinder- und Jugendsachbuchreihe „SOWAS!" von Psychologin Sigrun Eder
- Kindersachbuchreihe „Ich weiß jetzt wie!" – Schwerpunkt Familienthemen
- Erzählungen von Hebamme Anna-Maria Held (u.a. „Die Hebammenschülerin")
- Autobiographien und Erfahrungsberichte (u.a. Frühgeburt, Meditation, Flucht)

Pubertät

Vom Mädchen zur Frau
Ein märchenhaftes Bilderbuch für alle Mädchen, die ihren Körper neu entdecken

Periode

Die freie Mens
Leas COMIC-TAGEBUCH für eine schmerzfreie Regel ohne Binden, Tampons und Co

LEA HAT IHRE TAGE.

edition riedenburg

editionriedenburg.at

Der Sachbuch-Verlag für die ganze Familie.